主　　编　曹士兵　中国应用法学研究所所长

副 主 编　关　毅　国家法官学院科研部主任

　　　　　刘　畅　国家法官学院科研部副主任

主编助理　边疆戈　国家法官学院科研部编辑

　　　　　苏　烽　国家法官学院科研部编辑

《中国法院年度案例》编辑人员（按姓氏笔画）

边疆戈　朱建伟　刘　畅　关　毅　苏　烽

杨小利　罗胜华　赵丽敏　袁登明　唐世银

曹士兵　曹海荣　梁　欣　程　瑛　谭　红

本书编审人员　曹海荣

中国法院
2019年度案例

国家法官学院案例开发研究中心◎编

借款担保纠纷

中国法制出版社
CHINA LEGAL PUBLISHING HOUSE

《中国法院年度案例》通讯编辑名单

序

法律的生命在于实施，而法律实施的核心在于法律的统一适用。《中国法院年度案例》丛书出版的价值追求，即公开精品案例，研究案例所体现的裁判方法和理念，提炼裁判规则，为司法统一贡献力量。

《中国法院年度案例》丛书，是国家法官学院于2012年开始编辑出版的一套大型案例丛书，之后每年年初定期出版，由国家法官学院案例开发研究中心具体承担编辑工作。此前，该中心坚持20余年连续不辍编辑出版了《中国审判案例要览》丛书近90卷，分中文版和英文版在海内外发行，颇有口碑，享有赞誉。现在编辑出版的《中国法院年度案例》丛书，旨在探索编辑案例的新方法、新模式，以弥补当前各种案例书的不足。该丛书2012～2018年已连续出版7套，一直受到读者的广泛好评，并迅速售罄。为更加全面地反映我国司法审判的发展进程，顺应审判实践发展的需要，响应读者需求，2014年度新增3个分册：金融纠纷、行政纠纷、刑事案例，2015年度将刑事案例调整为刑法总则案例、刑法分则案例2册，2016年度新增知识产权纠纷分册，2017年度新增执行案例分册，2018年将刑事案例扩充为4个分册。现国家法官学院案例开发研究中心及时编撰推出《中国法院2019年度案例》系列丛书，共23册。

总的说来，当前市面上的案例丛书百花齐放，既有判决书网，可以查询各地、各类的裁判文书，又有各种专门领域的案例汇编书籍，以及各种案例指导、案例参考等读物，十分活跃，也各具特色。而《中国法院年度案例》丛书则试图把案例书籍变得“好读有用”，故在编辑中坚持以下方法：一是高度提炼案例内容，控制案例篇幅，每个案例基本在3000字以内；二是突出争议焦点，剔除无效信息，尽可能在有限的篇幅内为读者提供有效、有益的信息；三是注重对案件裁判文书的再加工，大多数案例由案件的主审法官撰写“法官后语”，高度提炼、总结案例的指导价值。

同时，《中国法院年度案例》丛书还有以下特色：一是信息量大。国家法官学院案例开发研究中心每年从全国各地法院收集到的上一年度审结的典型案例超过10000件，使该丛书有广泛的选编基础，可提供给读者新近发生的全国各地的代表性案例。二是方便检索。为节约读者选取案例的时间，丛书分卷细化，每卷下还将案例主要根据案由分类编排，每个案例用一句话概括裁判规则、裁判思路或焦点问题作为主标题，让读者一目了然，迅速找到需求目标。

中国法制出版社始终全力支持《中国法院年度案例》的出版，给了作者和编辑们巨大的鼓励。2018年新推出数据库增值服务，2019年继续提供数据库增值服务并充实完善数据内容。购买本书，扫描前勒口二维码，即可在本年度免费查阅使用上一年度案例数据库。我们在此谨表谢忱，并希望通过共同努力，逐步完善，做得更好，真正探索出一条编辑案例书籍、挖掘案例价值的新路，更好地服务于学习、研究法律的读者，服务于社会，服务于国家的法治建设。

本丛书既可作为法官、检察官、律师等司法实务工作人员的办案参考和司法人员培训推荐教程，也是社会大众学法用法的极佳指导，亦是教学科研机构案例研究的精品素材。当然，案例作者和编辑在编写过程中也不能一步到位实现最初的编写愿望，可能会存在各种不足，甚至错误，欢迎读者批评指正，我们愿听取建议，并不断改进。

曹士兵

目　录

Contents

一、借款合同

二、保　证

三、抵　押

四、质 押

一、借款合同

1

夫妻对一方在分居期间以个人名义所负债务不宜认定为共同债务

——南京银行股份有限公司北京分行诉杜某安、牛某华金融借款合同案

【案件基本信息】

1. 裁判书字号

北京市西城区人民法院（2017）京0102民初7712号民事判决书

2. 案由：金融借款合同纠纷

3. 当事人：

原告：南京银行股份有限公司北京分行（以下简称南京银行）

被告：杜某安、牛某华

【基本案情】

2015年4月29日，南京银行与杜某安签订《最高债权额合同》和《个人授信业务申请书》，约定南京银行向杜某安发放贷款20万元，贷款期限12个月，南京银行于2015年4月29日向杜某安发放了贷款20万元。2015年4月29日，杜某安收到贷款后，于2015年5月11日一次性将20万元转入了姓名为王某的银行账户，杜某安称王某是其战友。

2006年7月13日，杜某安与牛某华登记结婚，2014年3月开始分居，牛某华庭审中称其居住于北京市通州区购买的住房，杜某安称其在西城区租房居住，其间

两人并未共同生活。2015年5月22日，杜某安向北京市东城区人民法院提起离婚诉讼，后北京市东城区人民法院将该案件移送至北京市通州区人民法院审理。2015年10月29日，杜某安与牛某华办理了离婚登记，离婚协议除约定由牛某华独自出资购买的房屋由牛某华给杜某安货币补偿后，归牛某华所有，其余各自名下存款及其他物品归各自所有。

现借款合同到期，杜某安未能按照合同约定按期还本付息，南京银行依照合同约定要求杜某安偿还全部贷款本息及支付实现债权的费用。南京银行认为牛某华与杜某安是夫妻关系，该笔贷款发生在其夫妻关系存续期间，应当视为夫妻共同债务，牛某华应当承担共同还款责任。

【案件焦点】

牛某华是否对杜某安在分居期间的借款承担共同还款责任。

【法院裁判要旨】

北京市西城区人民法院经审理认为：南京银行与杜某安签署的《最高债权额合同》及杜某安出具的《个人授信业务用款申请书》均系双方当事人的真实意思表示，且未违反我国现行法律、行政法规的强制性规定，应属合法有效，双方当事人均应按照约定行使权利和履行义务。

关于涉案贷款是否为夫妻共同债务一节。南京银行主张，涉案贷款发生于杜某安与牛某华夫妻关系存续期间，用途为购买耐用消费品，因此应当认定为夫妻共同债务，牛某华应当承担共同还款责任。

首先，《中华人民共和国婚姻法》第四十一条规定，离婚时，原为夫妻共同生活所负的债务，应当共同偿还……虽然《最高人民法院关于适用〈中华人民共和国婚姻法〉若干问题的解释（二）》第二十四条规定了债权人就婚姻关系存续期间夫妻一方以个人名义所负债务主张权利的，应当按照夫妻共同债务处理。但是该法律规定系推定性规则，是可以提供反证加以反驳的“推定”，不能突破婚姻法关于夫妻共同债务的实体要件的规定，即用于夫妻共同生活。依据上述法律规则，本案中南京银行初步证明了涉案贷款发生于杜某安与牛某华的夫妻关系存续期间，推定为夫妻共同债务。牛某华主张此债务为杜某安个人债务，即负有提供反证的举证责任。其次，本案中，牛某华提供的证据及当事人的陈述证明了如下事实：一是两人自2014年3月开始分居，2015年4月29日，杜某安借款时两人分居时间已经长达一年；二是杜某安在申请并获得贷款后一个月内，即2015年5月22日牛某华就作为原告提起了离婚诉讼，杜某安与牛某华2015年10月29日办理了离婚登记；三是涉案贷款由杜某安于2015年5月11日一次性汇入了与其有特定关系的王某的账户，无证据证明用于购买耐用品。最后，南京银行认可其在审核杜某安涉案贷款时，并未通知其当时的配偶牛某华，也未能提出其他证据证明涉案贷款用于夫妻共同生活。综合以上事实，本院认为杜某安一次性将20万元汇入熟人账户，不符合家庭一般消费的通常情形，且借款时杜某安与牛某华分居状态已持续一年多的时间，借款及转账时间亦发生在杜某安起诉离婚前一个月内，显然无共同举债的合意，亦不具有用于夫妻共同生活的意图。南京银行审批涉案贷款时亦未尽到合理的注意义务，在其未能进一步提交证据证明牛某华客观上分享了涉案贷款带来的利益的情况下，本院认为杜某安所负债务并非共同债务，故南京银行要求牛某华对杜某安所负债务承担共同还款责任的诉讼请求，本院不予支持。

北京市西城区人民法院依据《中华人民共和国合同法》第六十条第一款、第一百零七条、第二百零五条、第二百零六条、第二百零七条，《中华人民共和国婚姻法》第四十一条，《最高人民法院关于适用〈中华人民共和国婚姻法〉若干问题的解释（二）》第二十四条，《中华人民共和国民事诉讼法》第一百四十四条之规定，判决如下：

一、杜某安于本判决生效后十日内偿还南京银行股份有限公司北京分行借款本金20万元、利息2970.36元、罚息11494.62元，并清偿上述款项自2016年11月1日起至实际付清之日止的罚息（罚息按照《最高债权额合同》《个人授信业务用款申请书》的有关约定计算）；

二、杜某安于本判决生效后十日内支付南京银行股份有限公司北京分行律师费2000元；

三、驳回南京银行股份有限公司北京分行的其他诉讼请求。

【法官后语】

对于夫妻共同债务的认定标准，最高人民法院在价值判断上，经历了一个从优先保护债权人利益，逐渐到平衡债权人利益和未具名举债配偶一方利益的过程，由此带来法院在事实认定、法律适用和举证责任分配上的变化。在分析本案前，我们先系统梳理一下最高人民法院在关于夫妻共同债务认定标准上的裁判准则的变化：

第一阶段，优先保护债权人的原则。《最高人民法院关于适用〈中华人民共和国婚姻法〉若干问题的解释（二）》第二十四条规定：债权人就婚姻关系存续期间夫妻一方以个人名义所负债务主张权利的，应当按夫妻共同债务处理。但夫妻一方能够证明债权人与债务人明确约定为个人债务，或者能够证明属于《婚姻法》第十九条第三款规定情形的除外。

第二阶段，虚假债务和非法债务不认定为夫妻共同债务原则。最高人民法院于2017年2月28日发布《最高人民法院关于依法妥善审理涉及夫妻债务案件有关问题的通知》提到："在处理夫妻债务案件时，除应当依照婚姻法等法律和司法解释的规定，保护夫妻双方和债权人的合法权益，还应当结合社会主义道德价值理念，增强法律和司法解释适用的社会效果，以达到真正化解矛盾纠纷、维护婚姻家庭稳定、促进交易安全、推动经济社会和谐健康发展的目的。"并提出了若干解决思路：1. 保障未具名举债夫妻一方的诉讼权利；2. 审查夫妻债务是否真实发生；3. 区分合法债务和非法债务，对非法债务不予保护；4. 把握不同阶段夫妻债务的认定标准；5. 保护被执行夫妻双方基本生存权益不受影响；6. 制裁夫妻一方与第三人串通伪造债务的虚假诉讼。基于这些理由，最高人民法院给《最高人民法院关于适用〈中华人民共和国婚姻法〉若干问题的解释（二）》第二十四条打了两个"补丁"：增加两款，分别作为该条第二款和第三款：夫妻一方与第三人串通，虚构债务，第三人主张权利的，人民法院不予支持。夫妻一方在从事赌博、吸毒等违法犯罪活动中所负债务，第三人主张权利的，人民法院不予支持。明确将虚假债务和非法债务排除在外。

第三阶段，平衡原则。最高人民法院于2018年1月16日发布《最高人民法院关于审理涉及夫妻债务纠纷案件适用法律有关问题的解释》，其中第三条规定：夫妻一方在婚姻关系存续期间以个人名义超出家庭日常生活需要所负的债务，债权人以属于夫妻共同债务为由主张权利的，人民法院不予支持，但债权人能够证明该债务用于夫妻共同生活、共同生产经营或者基于夫妻双方共同意思表示的除外。

由此，在认定夫妻共同债务上，应坚持主客观相结合的原则，在主观上查明夫妻是否有共同举债的合意，客观上查明债务是否用于夫妻共同生活，并且由债权人证明该债务用于夫妻共同生活。

本案裁判发生于《最高人民法院关于审理涉及夫妻债务纠纷案件适用法律有关问题的解释》施行之前，被告牛某华通过大量的间接证据证明了其与杜某安感情不和，借款发生于分居期间及离婚诉讼期间，由此主张杜某安的借款并非夫妻共同债务，法官通过综合认定借款数额、借款流向、杜牛二人的感情状况等，认定涉案借款并非用于夫妻共同生活，非夫妻共同债务。1. 在借款数额上，本案借款数额仅20万元，杜牛二人串通起来，欺骗银行的可能性极低；2. 借款流向上，涉案借款在发放到杜某安个人账户上后，杜某安随即全部转给了一个叫王某的个人，而王某与杜某安系前战友，本院要求杜某安说明借款用途时，杜某安说不清楚，本院由此认定该借款可能不是用于夫妻共同生活；3. 从杜牛二人的感情状况上看，涉案借款发生在2017年4月29日，结合双方分居事实、牛某华邻居兼同事的证言、双方在北京通州法院的离婚诉讼等事实，该笔借款用于夫妻共同生活的可能性很低。

如果将此案放在《最高人民法院关于审理涉及夫妻债务纠纷案件适用法律有关问题的解释》后裁判，虽然判决结果不变，但裁判思路将发生很大改变，牛某华将不再承担涉案贷款非用于夫妻共同生活的举证责任，而由南京银行举证证明涉案贷款用于夫妻共同生活。在诉讼中南京银行曾提交2015年5月15日一份收据，证明杜某安将贷款用于购买家具。牛某华不认可该份证据的真实性及关联性。法院认为，该份证据并非正式的购货发票，且结合法院调取《业务专用凭证》中杜某安关于涉案贷款资金的使用情况，杜某安将20万元的贷款汇给了户名为王某的账户，杜某安称王某是其战友，汇给其20万元的原因记不清了，法院对该份收据不予采信。南京银行仅凭该份发票也难以证明涉案贷款用于夫妻共同生活，其关于要求牛某华承担共同还款责任的诉讼请求，法院也不予支持。

编写人：北京市西城区人民法院　何宗遥

2

共同还款承诺书签订在前，债务发生在后时的共同还款承诺书效力如何认定

——江苏镇江农村商业银行股份有限公司大路支行诉镇江市圣东建设工程有限公司等借款合同案

【案件基本信息】

1. 裁判书字号

江苏省镇江经济开发区人民法院（2017）苏1191民初1053号民事判决书

2. 案由：借款合同纠纷

3. 当事人

原告：江苏镇江农村商业银行股份有限公司大路支行

被告：镇江市圣东建设工程有限公司、镇江九鑫进出口贸易有限公司、镇江睿骋电器销售有限公司、卜某鑫、李某忠、卜某东、陈某梅

【基本案情】

被告卜某东与被告陈某梅于1994年4月30日登记结婚，于2014年9月16日登记离婚。2015年5月22日，原告与被告镇江市圣东建设工程有限公司签订《流动资金循环借款合同》一份，约定：被告镇江市圣东建设工程有限公司作为借款人向原告申请借款，额度为200万元，借款期限至2016年5月15日，借款利率为年利率8.517%，若借款未按合同约定期限归还借款本金的，贷款人对逾期借款从逾期之日起在借款执行利率基础上上浮30%计收罚息，直至本息清偿为止。同日，被告镇江九鑫进出口贸易有限公司、镇江睿骋电器销售有限公司、卜某鑫、李某忠与原告签订《最高额保证合同》一份，由被告镇江九鑫进出口贸易有限公司、镇江睿骋电器销售有限公司、卜某鑫、李某忠承担连带担保责任，担保范围为借款人依据主合同与贷款人发生的主合同项下的全部债务本金、利息、逾期利息、罚息、复利、手续费、违约

金、损害赔偿金、实现债权的一切费用。被告卜某东、陈某梅分别于2014年6月12日、2014年9月10日向原告出具共同还款承诺书，载明：本人自愿作为共同债务人对被告镇江市圣东建设工程有限公司在原告方的所有贷款（含本承诺书签字之后发放的贷款）本息及实现债权的所有费用承担共同还款责任。一旦被告镇江市圣东建设工程有限公司未按合同约定履行还款义务，本人即无条件按原告要求履行偿还义务，直至贷款合同项下本息全部清偿为止，无论该贷款是否有其他担保，本承诺书所确定的还款义务未经原告同意不得撤销。2015年5月22日，原告向被告镇江市圣东建设工程有限公司账户放款200万元。借款到期后，被告镇江市圣东建设工程有限公司、卜某东、陈某梅未履行还款义务，被告镇江九鑫进出口贸易有限公司、镇江睿骋电器销售有限公司、卜某鑫、李某忠亦未履行担保责任。截至2016年8月20日，被告镇江市圣东建设工程有限公司、卜某东、陈某梅尚欠原告本金200万元，利息200527.95元，原告多次向各被告催讨上述欠款本息未果，故诉至法院。

【案件焦点】

被告卜某东、陈某梅向原告出具共同还款承诺书的效力如何认定。

【法院裁判要旨】

江苏省镇江经济开发区人民法院经审理认为：原告与被告镇江市圣东建设工程有限公司签订的《流动资金循环借款合同》、原告与被告镇江九鑫进出口贸易有限公司、镇江睿骋电器销售有限公司、卜某鑫、李某忠签订的《最高额保证合同》及被告卜某东、陈某梅作为共同债务人在共同还款承诺书上签字系各方真实意思的表示，不违反法律、法规禁止性规定，应确认合法有效。共同还款承诺书系被告卜某东、陈某梅单方面做出的诺成合同，其作为完全民事行为能力人，向原告出具共同还款承诺书时，应当预见相应的法律后果，其作为共同还款人，自愿加入被告镇江市圣东建设工程有限公司将来产生的债务，成为原告向被告镇江市圣东建设工程有限公司放款的原因之一，故被告卜某东、陈某梅应当与被告镇江市圣东建设工程有限公司共同偿还所负债务。

原告按照约定履行了放款义务，借款到期后，被告镇江市圣东建设工程有限公司、卜某东、陈某梅未能及时归还借款，应承担约定的逾期还款罚息和原告实现债权的相关费用。截至2016年8月20日，被告镇江市圣东建设工程有限公司、卜某东、陈某梅共计结欠原告借款本息 2200527.95 元及律师费 105821 元，有《流动资金循环借款合同》《最高额保证合同》、借款借据、利息清单、律师费增值税发票及当事人当庭陈述为证，本院予以确认。被告镇江九鑫进出口贸易有限公司、镇江睿骋电器销售有限公司、卜某鑫、李某忠应对被告镇江市圣东建设工程有限公司的上述债务承担连带清偿责任。原告要求被告镇江市圣东建设工程有限公司、卜某东、陈某梅归还借款本息 2200527.95 元、支付律师费 105821 元并要求被告镇江九鑫进出口贸易有限公司、镇江睿骋电器销售有限公司、卜某鑫、李某忠承担连带清偿责任的诉讼请求，予以支持。基于此，江苏省镇江经济开发区人民法院判决：

一、被告镇江市圣东建设工程有限公司、卜某东、陈某梅于本判决生效后十日内归还原告江苏镇江农村商业银行股份有限公司大路支行借款本金 200 万元、利息 200527.95 元，共计 2200527.95 元。(2016 年 8 月 21 日至实际给付之日的利息按年利率 11.0721% 计算)；

二、被告镇江市圣东建设工程有限公司、卜某东、陈某梅于本判决生效后十日内支付原告律师费 105821 元；

三、被告镇江九鑫进出口贸易有限公司、镇江睿骋电器销售有限公司、卜某鑫、李某忠对上述债务承担连带清偿责任。

【法官后语】

综观我国民商法学理论教材，难以找到关于共同还款人这一概论，共同还款人是不是主债务人存在重大争议。在法学理论上，共同还款人的法律定性为债务承担中并存的债务承担，或者可以说是债务加入。债是特定当事人之间得请求一定给付的法律关系，债只能来源于合同或法律的规定，因合同产生的债称之为合同之债，因法律而产生的债称为法定之债。债虽为特定人之间的特定权利义务关系，但在现代民法中，已成立之债并非不容当事人变更其内容，债权债务关系在民事主体间的可转移性亦为各国民法所确认。广义上的债的变更，包括债的内容变更和债的主体变更两种情形，前者指不改变债的当事人，而仅改变债的个别具体内容；后者又称债的承担，是指在保持债的内容不变的情况下，债务由第三人加以承受。本案中，共同还款承诺书的性质应当认定为并存的债务承担。并存的债务承担，又称债务加入，是指原债务人并不脱离债务关系，而第三人又加入了债务关系，与债务人共同承担债务。此时，债务人与第三人之间成立连带关系，他们共为连带债务人。债务加入具有两种形式，一是由债权人与第三人之间特别约定，由第三人承担债务人的部分债务，或者由债务人将不认债务转移给第三人承担；二是由债权人与第三人或债务人与第三人，或债权人、债务人与第三人之间共同约定，由第三人加入原合同关系之中，与债务人成立连带关系，共同作为连带债务人，对债权人负责。构成债务加入的条件为：1. 债务加入须由承担人和债权人或债务人达成协议或意思表示一致；2. 债务加入以原债务之有效和存在为前提；3. 债务加入里担保由承担人负担与原债务同一内容的新债务的行为，承担人承担的债务不能超出原来的债务范围，超出部分无效；4. 原债务人与承担人原则上不是同一人。债务加入的法律后果是第三人承担债务，原债务人并不消灭债务；第三人承担的债务与原债务具有同一内容和范围，不得超出原债务的范围。本案中，被告卜某东、陈某梅向原告出具共同还款承诺书在原告向主债务人镇江市圣东建设工程有限公司放款之前，但因为共同还款承诺书明确载明共同还款的范围包括承诺书签字之后发放的贷款，因此，被告卜某东、陈某梅仍然需要对案涉债务承担共同还款责任。该案既存在共同还款人，又存在担保人，既然共同还款人与主债务人是并存的债务人，则担保人可在承担担保责任后向共同还款人和主债务人一并追偿。

编写人：江苏省镇江经济开发区人民法院　张龙

3

借名借款行为的性质认定

——玉环县苏泊尔小额贷款有限公司诉被告林某天等小额借款合同案

【案件基本信息】

1. 裁判书字号

浙江省台州市中级人民法院（2017）浙 10 民终 487 号民事判决书

2. 案由：小额借款合同纠纷

3. 当事人：

原告（被上诉人）：玉环县苏泊尔小额贷款有限公司

被告（上诉人）：林某天、张某平、黄某莉、浙江天环机械有限公司

【基本案情】

2015年12月3日，被告林某天因资金周转需要向原告玉环县苏泊尔小额贷款有限公司借款50万元，并与原告签订一份《保证借款合同》，该合同约定：被告林某天向原告借款人民币50万元；借款期限自2015年12月3日起至2016年10月15日止；借款月利率为16.2‰；合同约定利息支付方式按月付息，每月20日为结息日，次日为付息日，逾期付息视为违约，本金至借款期限届满时一次性归还，利随本清；保证方式为连带责任保证；保证期限为借款期限届满之日起二年；保证范围为贷款本金、利息、违约金、损害赔偿金和实现债权费用，包括诉讼费、律师费等；若发生纠纷由原告住所地法院管辖，合同还对其他事项作了约定。同日，被告浙江天环机械有限公司、张某平、黄某莉在该合同保证人一栏盖章、签字，自愿对林某天的上述债务承担连带责任保证。合同签订后，原告于2015年12月3日依约向林某天的账户汇入了贷款50万元。然而，被告并未依约偿还借款。截至2016年11月1日，被告林某天仍欠原告借款本金50万元，利息2970元。对于所欠的本息，被告林某天一直未偿还。被告浙江天环机械有限公司、张某平、黄某莉作为担保人也未履行担保责任。另，原告为实现该笔债权支付了律师代理费26000元。遂引起诉讼。故原告提出诉讼请求：1. 判令被告林某天立即向原告偿还借款本金50万元及暂算至2016年11月1日的利息2970元，共计502970元，自2016年11月2日起至实际履行完毕之日止以尚欠借款本金为基数按月利率16.2‰继续计算利息，并赔偿律师代理费26000元；2. 被告浙江天环机械有限公司、张某平、黄某莉对被告林某天第一项请求的债务承担连带责任保证。

【案件焦点】

在名义借款人和实际借款人不一致的情形下，借款的实际用途不能影响借款合同的效力，债务人是否能以此对抗债权人要求免除还款的责任

【法院裁判要旨】

浙江省玉环市人民法院经审理认为：被告林某天辩称其为名义借款人，所借款项用于案外人玉环锦盛百货有限公司的实际经营，但并未提供相关证据予以证实，本院不予采信；且参照民间借贷相关司法解释，以个人名义与出借人签订借款合同，所借款项用于企业生产经营的，出借人可以请求企业与个人共同承担还款责任，因此被告林某天仍应承担还款责任。被告辩称原告既申报债权又向本院提起诉讼，如果原告在玉环锦盛百货有限公司破产程序中就本案债务所得清偿的，当然可以减轻本案四被告的还款责任或者担保责任，破产债务人玉环锦盛百货有限公司也可以向各被告主张追偿权或者分担担保责任（但借款确实用于玉环锦盛百货有限公司的除外），而无须将本案中止审理或等待破产程序终结后确定双方的权利义务关系。故一审法院判决支持原告的诉讼请求。

浙江省玉环市人民法院依照《中华人民共和国合同法》第六十条第一款、第二百零五条、第二百零六条、第二百零七条，《中华人民共和国担保法》第十八条、第二十一条、第三十一条，作出如下判决：

一、限被告林某天于本判决生效后十日内偿还原告玉环县苏泊尔小额贷款有限公司借款本金50万元，并支付自2016年11月1日起至本判决履行完毕之日止的利息（按月利率16.2‰计算），并支付原告实现债权的费用（律师代理费）26000元；

二、被告浙江天环机械有限公司、张某平、黄某莉对被告林某天应付原告的上述款项承担连带清偿责任。

被告不服一审判决提出上诉。

浙江省台州市中级人民法院经审理认为：确认一审法院认定的事实和证据。上诉人林某天对其于2015年12月3日在保证借款合同中签名及当日收取50万元款项的事实没有异议，其上诉称该款项的实际借款人为玉环锦盛百货有限公司。根据该保证借款合同载明的内容及上诉人收取款项的事实，上诉人林某天明显为本案借款的借款人，即使上诉人林某天收取该50万元款项后将款项交与玉环锦盛百货有限公司使用，或由玉环锦盛百货有限公司支付借款的利息，亦不能否定上诉人林某天系本案讼争借款的实际借款人的身份，因此，一审判决由上诉人林某天偿付借款本息并无不当。至于被上诉人苏泊尔小额贷款公司曾向担保人之一玉环锦盛百货有限公司管理人申报债权之事实，并不影响被上诉人向主债务人或其他保证人主张相关权利，故上诉人林某天上诉被上诉人无权向主债务人或其他保证人主张债权的上诉理由不能成立。

浙江省台州市中级人民法院依照《中华人民共和国民事诉讼法》第一百七十条第一款第一项规定，判决如下：

驳回上诉，维持原判。

【法官后语】

一、借款人与借款实际使用人不一致的情形

在司法实践中，借条或者借款合同上的借款人签名与借款实际使用人不一致的情形比较常见。在这种情况下，债权人是否应该直接向借款实际使用人主张权利或者主债务人能否以其非借款实际使用人而要求免责，这正是本案的焦点所在。

造成名义借款人与借款实际使用人不一致的原因多种多样，在本案中是由于实际借款人的资质不符合出借人的要求。在现实的借款实践中，一些个人或企业向他人借款较多，负债率明显偏高。对于出借人而言，为防控金融风险，减少坏账率，出借人往往要求实际借款人找个信用度高、经济能力更强的人并以其名义进行借款。在现实中，名义借款人与实际款项使用人往往存在某种关系，比较常见的是亲属关系、员工关系或股东关系等。名义借款人通常是出于人情关系或为公司利益考虑，而作为借款人向出借人借款给实际使用人使用，并私下约定由借款实际使用人进行偿还。

名义借款人与借款实际使用人之间是什么法律关系，是否构成隐名代理？被告林某天在二审中提出其系名义借款人，与实际借款人之间构成隐名代理。《合同法》第四百零二条规定："受托人以自己的名义，在委托人的授权范围内与第三人订立的合同，第三人在订立合同时知道受托人与委托人之间的代理关系的，该合同直接约束委托人和第三人，但有确切证据证明该合同只约束受托人和第三人的除外。"隐名代理是指代理人在享有代理权的前提下，既不披露本人姓名也不表明自己的代理人身份，而以自己名义与第三人发生民事法律行为，行为效果仍归属于本人的法律行为。在本案中，借款人与借款实际使用人之间并没有明确的委托行为，而且借款行为是否归属于借款的实际使用人并不明确，而且借款人所称的借款的实际使用人就是本案借款的连带责任保证人之一。

另外，考虑到借款合同标的的特殊性，主债务人与借款实际使用人之间即使存在委托代理关系，也不同于一般的隐名代理，而且主债务人与借款实际使用人的关系也不能影响借款合同本身的效力。借款行为虽然类似于租赁行为，利息即货币的租金，但是货币作为一般等价物，是种类物，并非特定物，所以在借款实践中，出借人借出款项，借款人取得的是对该笔借款的所有权，而非使用权，而借款人借到款项，对其享有了所有权，包括如何使用、处分该笔借款，借款人完全可以将其款项交由第三人使用。债务人与借款的实际使用人原则上是相互独立的，出借人不能直接向款项的实际使用人主张权利，名义借款人也不能以要求实际借款人还款为由对抗债权人。虽然司法解释对名义借款人和实际使用人不一致的情形规定了可以同时主张权利，但是在实践中往往存在举证困难的问题。《最高人民法院关于审理民间借贷案件适用法律若干问题的规定》第二十三条规定：企业法定代表人或负责人以企业名义与出借人签订民间借贷合同，出借人、企业或者其股东能够证明所借款项用于企业法定代表人或负责人个人使用，出借人请求将企业法定代表人或负责人列为共同被告或者第三人的，人民法院应予准许。企业法定代表人或负责人以个人名义与出借人签订民间借贷合同，所借款项用于企业生产经营，出借人请求企业与个人共同承担责任的，人民法院应予支持。在名义借款人与借款的实际使用人不一致的情况下，债权人可以将名义借款人和借款的实际使用人列为共同被告，要求其共同承担责任。这个条文突破了合同的相对性原则，明显是从保护债权人的利益出发。但是，由于货币的特殊性，在司法实践中，债权人和主债务人很难证明该笔款项的实际用处。最后，从交易成本和交易安全而言，借款合同的效力不应该受借款用途的影响。如果要求借款合同的双方当事人明知借款实际用途，那么债权人不仅要履行出借款项的义务，同时还要监督借款的使用情况，这对于一个普通的民事主体而言，明显缺乏现实可操作性。

二、已申报破产债权的借款，是否能提起诉讼

本案涉及的第二个争议焦点就是本案的借款已申报保证人的破产债权，能否再以小额借款合同提起诉讼，要求其他义务人履行还款或保证义务。被告林某天提出玉环锦盛百货有限公司系本案借款的实际使用人，且已进入破产程序，原告已向破产管理人申报债权，现原告又起诉向被告主张权利，系重复主张，可能产生双重受偿的结果。首先，本人认为，玉环锦盛百货有限公司不仅是借款的实际使用人，更是作为保证人，虽然该笔款项已作为保证人的债务申报了破产债权，但是原告并未

实现其债权，而本案借款人及其他连带保证人，并不能以其已申报债权而免除其余债务人的连带义务。在连带责任保证债权债务中，债权人既可以单独起诉主债务人或保证人，也可以同时起诉主债务人和保证人。所以，原告既向破产保证人的管理人申报了债权，又起诉主债务人和其他连带责任保证人，并不存在重复主张的问题。

编写人：浙江省玉环市人民法院 杨静盛

4

人保与物保并存时实现债权顺序约定明确的认定

——中国农业银行股份有限公司天长市支行诉天长市金福电子有限公司等金融借款合同案

【案件基本信息】

1. 裁判书字号

安徽省滁州市中级人民法院（2017）皖11民终2610号民事判决书

2. 案由：金融借款合同纠纷

3. 当事人

原告（上诉人）：中国农业银行股份有限公司天长市支行（以下简称农行天长支行）

被告（被上诉人）：天长市金福电子有限公司（以下简称金福公司）、王某有、陈某香

【基本案情】

2014年10月15日，农行天长支行与金福公司签订《最高额抵押合同》。合同约定：“金福公司以其所有的天秦房地权2007字第012号、天秦国用2006第065号房地产为其在2014年10月15日至2017年10月14日期间与农行天长支行签订的合同所形成的债务提供最高额为371万元的抵押担保。”合同同时约定：“所担保的

债权同时存在物的担保（含债务人或第三人提供）和保证担保的，抵押权人可就物的担保实现债权，也可以要求保证人承担保证责任。本合同所担保的债权同时存在两个以上物的担保人的（含债务人提供的担保），抵押权人有权就其中任一或者各个担保物行使担保物权。抵押权人已经选择某一担保方式/担保物来实现债权的，也可同时主张通过其他担保方式/担保物来实现全部或部分债权。”合同签订后双方办理了抵押登记手续。2016 年 11 月 22 日，农行天长支行与王某有、陈某香签订《最高额保证合同》。合同约定：“王某有、陈某香为金福公司在 2016 年 11 月 22 日至 2018 年 11 月 21 日期间与农行天长支行签订的合同所形成的债务提供最高额为 420 万元的保证担保，保证方式为连带责任保证。”合同同时约定：“所担保的债权同时存在物的担保（含债务人或第三人提供）和保证担保的，债权人可以就物的担保实现债权，也可以要求保证人承担保证责任。债权人已经选择某一担保来实现债权的，也可同时主张通过其他担保来实现全部或部分债权。”2016 年 12 月 2 日农行天长支行与金福公司签订《流动资金借款合同》。合同约定：“借款金额为 310 万，期限一年，执行利率 5.655%，逾期加收 30% 罚息，按月结息，若金福公司违反合同约定的义务，未按合同约定归还贷款本息，构成违约，农行天长支行有权提前收回已发放借款。”合同签订当日，农行天长支行按约定将借款 310 万元汇至金福公司指定的账户内。之后，金福公司未按月结息。截至 2017 年 4 月 20 日，金福公司累计欠息 43770.24 元。

【案件焦点】

既有物保又有人保的担保情况下，案涉债权实现顺序中的约定明确如何确定。

【法院裁判要旨】

安徽省天长市人民法院经审理认为：农行天长支行在与王某有、陈某香签订《最高额保证合同》时约定，“本合同所担保的债权同时存在物的担保（含债务人或第三人提供）和保证担保的，债权人可就物的担保实现债权、也可以要求保证人承担保证责任，债权人已经选择某一担保来实现债权的，也可同时主张通过其他担保来实现全部或部分债权”。该条款并未明确确定担保债权的实现顺序，属于约定不明确。而根据《中华人民共和国物权法》第一百七十六条规定，被担保的债权既有物的担保又有人的担保的，债权人实现债权顺序没有约定或者约定不明确，债务人自己提供物的担保的，债权人应当先就该物的担保实现债权；第三人提供物的担保的，债权人可以就物的担保实现债权，也可以要求保证人承担保证责任。提供担保的第三人承担担保责任后，有权向债务人追偿。农行天长支行就债务人金福公司自己提供的物保实现债权后，债权仍不能得到足额受偿的，可以要求王某有、陈某香按合同约定在受偿不足范围内承担连带保证责任。

综合全案，安徽省天长市人民法院依法作出如下判决：

一、被告天长市金福电子有限公司于本判决生效之日起二十日内偿还原告中国农业银行股份有限公司天长市支行借款本金310万元及利息（截至2017年4月20日的利息为43770.24元，从2017年4月21日至还清欠款之日止的利息按《流动资金借款合同》约定计算）；

二、若被告天长市金福电子有限公司不履行上述第一项还款义务，原告中国农业银行股份有限公司天长市支行可以就被告天长市金福电子有限公司的抵押财产优先受偿；

三、被告王某有、陈某香对本判决第一项款项在第二项抵押财产受偿不足的范围内承担连带清偿责任；

四、被告王某有、陈某香承担保证责任后，有权向债务人天长市金福电子有限公司追偿；

五、驳回原告中国农业银行股份有限公司天长市支行的其他诉讼请求。

农行天长支行不服一审判决，提出上诉。

安徽省滁州市中级人民法院经审理判决：

驳回上诉，维持原判。

【法官后语】

物保与人保责任顺序问题一直是司法实践的难点问题，适用涉及的法律条款主要有《担保法》第二十八条、《最高人民法院关于适用〈中华人民共和国担保法〉若干问题的解释》第三十八条、《物权法》第一百七十六条等。根据新法优于旧法的法律适用原则，本案适用的法律依据是《物权法》，也是更加注重实现保护债权人利益的宗旨。

根据《物权法》第一百七十六条规定，被担保的债权既有物的担保又有人的担保的，债务人不履行到期债务或者发生当事人约定的实现担保物权的情形，债权人应当按照约定实现债权；没有约定或者约定不明确，债务人自己提供物的担保的，债权人应当先就该物的担保实现债权；第三人提供物的担保的，债权人可以就物的担保实现债权，也可以要求保证人承担保证责任。提供担保的第三人承担担保责任后，有权向债务人追偿。该条款共包含了四个约定，其所指并不完全相同。第一个约定，指的是约定在什么情况下，债权人有权主张实现担保物权。第二个约定，指的是约定实现债权的方式，并不限于是物权先行还是保证先行，可能还包括各方应履行的债务限额或份额，以及约定的债权实现程序和条件。第三个和第四个约定的含义相同，所指也包括第二个约定，但强调的重点已经不是第二个约定中所包含的约定内容，而是约定中是如何处理债务人自己提供的物保和第三人提供的物保与保证担保的关系，第一个关系约定不明的，应先行处理债务人提供的物保，第二个关系约定不明的，债权人有实现债权顺序的选择权，所以，约定是明还是不明，在一个有多个担保的债权债务项目中，不是笼统的全部约定不明或者约定明确，而是可能有的约定是明确的，有的约定是不明确的，对于约定明确的部分，适用约定明确的规则，即约定优先，对于约定不明的部分，适用相应的法定规则。因此，约定不明，不能是笼统的约定不明，不同情况下的约定不明，后果也是不一样的。

本案中，农行天长支行在与王某有、陈某香签订《最高额保证合同》时约定，“本合同所担保的债权同时存在物的担保（含债务人或第三人提供）和保证担保的，债权人可就物的担保实现债权、也可以要求保证人承担保证责任，债权人已经选择某一担保来实现债权的，也可同时主张通过其他担保来实现全部或部分债权”。上述保证合同的表述基本上是银行或其他金融机构、担保公司等担保权人对人保与物保并存情况下，常用的标准表述。案涉条款应属于约定不明确的条款，并没有就债务人提供的物保与第三人提供的人保，谁先行承担责任进行明确的约定。

我们认为，所谓就债权人实现债权顺序的约定明确，既包括对实现债权的顺序约定为物的担保在先，人的担保在后；人的担保在先，物的担保在后；物的担保与人的担保同时承担担保责任等三种社会上普通人根据逻辑通常可以想象出来的约定明确的情形，当然也包括约定在任何情形下担保人都应当承担担保责任的情形。

编写人：安徽省滁州市中级人民法院　邓见阁　杨娟

5

物保与人保并存时担保债权的实现顺序

——安徽天长农村商业银行股份有限公司诉安徽天叶肥料有限公司等金融借款合同案

【案件基本信息】

1. 裁判书字号

安徽省滁州市中级人民法院（2017）皖11民终1266号民事判决书

2. 案由：金融借款合同纠纷

3. 当事人

原告（被上诉人）：安徽天长农村商业银行股份有限公司（以下简称天长农商行）

被告（上诉人）：江苏南化永大实业有限公司（以下简称南化永大公司）

被告：安徽天叶肥料有限公司（以下简称天叶公司）、张某华、郭某明

【基本案情】

2015年12月30日，天长农商行与天叶公司分别签订《流动资金借款合同》和《最高额抵押合同》各一份，借款合同约定：天叶公司向天长农商行借款1000万元，借款期限1年（自2015年12月30日至2016年12月30日），借款年利率为8.980%，逾期利率上浮50%；抵押合同约定：天叶公司以其所有的房地权天公（2005）字第×××号、天变国用（2005）字第×××号，房地权2005字第公×××号、房地权天2007字第×××号，房地权天公2005字第×××号、天变国用2005字第×××号项下房地产为上述借款提供抵押担保，并办理了抵押登记。同日，南化永大公司、张某华和郭某明分别与天长农商行签订“最高额保证合同”一份，为上述借款提供连带责任保证。天长农商行遂按约向天叶公司发放贷款1000万元。借款到期后，天叶公司未返还本金，利息结算至2016年8月20日。

南化永大公司认为其签署的《保证担保合同》非其真实意思表示，且天长农商行与天叶公司恶意串通，其是在天长农商行取得天叶公司土地房产抵押权作出免责承诺的情况下签署的，在签署合同时天长农商行信贷员有故意隐瞒合同内容等欺骗行为。根据物权优先于债权原则，天长农商行应先就物的担保实现债权，不足部分再要求保证人承担保证责任。

【案件焦点】

南化永大公司是否应对抵押物清偿不足部分承担清偿责任。

【法院裁判要旨】

安徽省天长市人民法院经审理认为：案涉借款、抵押、保证合同均合法有效，天叶公司未按约还本付息，南化永大公司、张某华、郭某明未按约履行保证责任，均构成违约。天长农商行要求天叶公司还本付息；对天叶公司提供抵押担保的房地产享有优先受偿权；南化永大公司、张某华、郭某明承担连带清偿责任的诉请，符合法律规定和合同约定，依法予以支持。

安徽省天长市人民法院依照《中华人民共和国合同法》第八条、第一百九十六条、第二百零六条、第二百零七条，《中华人民共和国物权法》第一百七十九条，《中华人民共和国担保法》第十八条、第三十一条，《中华人民共和国民事诉讼法》第一百四十四条之规定，判决如下：

一、天叶公司于本判决生效之日起十日内返还天长农商行借款本金 1000 万元及利息；

二、天长农商行对天叶公司提供抵押的房地权天公（2005）字第 114 号等享有优先受偿权；

三、南化永大公司、张某华、郭某明对本判决第一项确定的债务承担连带清偿责任；

四、南化永大公司、张某华、郭某明承担保证责任后有权向天叶公司追偿。

南化永大公司提起上诉。安徽省滁州市中级人民法院经审理认为：本案保证合同中虽存在“债权人在就该抵押物、质物实现债权前要求保证人承担全部债务保证责任时，保证人不予抗辩”的条款，但该条款并非三方对履行顺序的明确约定。债权人不向债务人主张担保物权，却要求第三人承担保证责任，再由第三人向债务人追偿，增加社会成本。根据《中华人民共和国物权法》第一百七十六条规定，除有明确约定外，南化永大公司应对抵押物清偿不足部分承担连带清偿责任。

安徽省滁州市中级人民法院依照《中华人民共和国民事诉讼法》第一百七十条第一款第二项规定，判决如下：

一、维持安徽省天长市人民法院（2017）皖1181民初736号民事判决第一、二、四项；

二、变更安徽省天长市人民法院（2017）皖1181民初736号民事判决第三项为“江苏南化永大实业公司对本判决第一项确定的债务由抵押物清偿后不足部分承担连带清偿责任，张某华、郭某明对本判决第一项确定的债务承担连带清偿责任”。

【法官后语】

《物权法》第一百七十六条规定：“被担保的债权既有物的担保又有人的担保的，债务人不履行到期债务或者发生当事人约定的实现担保物权的情形，债权人应当按照约定实现债权；没有约定或者约定不明确，债务人自己提供物的担保的，债权人应当先就该物的担保实现债权；第三人提供物的担保的，债权人可以就物的担保实现债权，也可以要求保证人承担保证责任……”该规定包含三种具体适用情形：

一、当事人对担保债权的实现有明确约定的情形

该约定是指当事人对实现担保物权的约定，这就意味着法院在适用该条法律规定时，要对物的担保合同和人的担保合同均进行审查，是否存在“当事人约定的实现担保物权的情形”，有此约定的需优先按照此类约定进行处理。结合本案查明的事实，涉案《保证担保合同》中虽约定“债务人提供了物的担保的，债务人不履行到期债务或者发生抵押、质押担保合同中约定的实现担保物权的情形，债权人在就该抵押物、质物实现债权前要求保证人承担全部债务保证责任时，保证人不予抗辩”的条款，该约定仅是对人的担保合同中关于保证债权实现的约定，并非抵押权人与抵押人关于实现担保物权的约定，不能得出已就担保物权的实现顺序与方式等作出了明确约定，故不能将案涉《保证担保合同》中的以上约定理解为“当事人约定的实现担保物权的情形”。

二、没有约定或约定不明时，先就债务人物保实现债权的情形

经对物保合同和人保合同进行审查，当事人对实现担保物权的情形没有约定或约

定不明时，债权人应先就债务人提供的物保实现债权，不能直接向保证人追究保证责任，直接体现出物保优先的原则。结合本案查明的事实，债务人以其所有的房地权天公（2005）字第×××号等房地产为案涉借款提供抵押担保，并办理了抵押登记。因当事人没有明确约定实现担保物权的情形，债权人应当先就债务人抵押的房地产权实现债权，在抵押房地产权清偿不足的情况下，再向保证人追究保证责任。若债权人滥用选择的权利，绕开债务人的担保物权，先向保证人追究保证责任，再由保证人向债务人追偿，则会增加社会成本和支出，不符合诚实信用的原则；再有如果债务人出现资不抵债面临破产的情形，保证人在履行保证责任后，丧失了对担保物权优先受偿的权利，只能以普通债权的形式向债务人追偿，同样不利于保证人权益保护，增加诉累。

三、债权人对第三人提供的物保及保证人选择实现债权的情形

适用该情形的前提也是当事人没有约定担保物权的实现情形或约定不明确，因提供物保的主体是第三人，债权人可以自由选择向第三人提供的物保实现债权或向保证人实现债权，或同时向第三人物保及保证人实现债权，体现出意思自治与物保优先相结合的原则。

综上，根据《物权法》第一百七十六条，本案属于第二种情形，南化永大公司应在涉案抵押物优先受偿后，对不足部分承担连带清偿责任。

编写人：安徽省滁州市中级人民法院　张倩　周颖竹

6

自然人之间的借款不仅要有当事人之间的合意，还要有交付钱款的事实

——王某琼诉李某鲜等民间借贷案

【案件基本信息】

1. 裁判书字号

四川省马边彝族自治县人民法院（2017）川1133民初540号民事判决书

2. 案由：民间借贷纠纷

3. 当事人

原告：王某琼

被告：李某鲜、骆某凯、骆某芬、骆某元

【基本案情】

骆某清（被告李某鲜之夫）与王某琼素不相识，在中间人张某红的引介下，2016年9月1日，骆某清以工程周转需要资金为由，向王某琼借款11万元，《借条》载明："今借到王某琼人民币壹拾壹万元（￥110000元整）用于工程周转，2017年年前还款。借款人：骆某清2016.9.1。"《借条》中没有约定利息，也无担保条款。

骆某清于2017年8月16日在峨马公路施工地因悬崖垮方不幸死亡。骆某清去世后，王某琼于2017年9月6日向骆某清之妻李某鲜、之子骆某凯、之女骆某芬、之父骆某元主张连带还款，李某鲜、骆某凯、骆某芬、骆某元四人称从不认识王某琼，并要求王某琼提供已支付给骆某清借款的凭证。王某琼认为签订《借条》时以现金支付完毕，《借条》也是骆某清的真实意思表示，并提供一年来的银行取款记录（流水记录）来证明有能力支付，李某鲜等4人予以否认，认为该《借条》仅是一份借据，只能说明有借款合意，借款并未生效。

【案件焦点】

骆某清向王某琼出具《借条》时，王某琼作为一般家庭在没有大额取款记录及其他情形下，王某琼是否向骆某清以现金形式实际支付了11万的借款。

【法院裁判要旨】

四川省马边彝族自治县人民法院经审理认为：根据《中华人民共和国合同法》第二百一十条的规定，自然人之间的借款不仅要有当事人之间的合意，还要有交付钱款的事实。出借人不仅要证明借款合同成立，且在被告抗辩借贷行为尚未实际发生时，还要进一步证明借贷事实已实际发生。由于本案实际借款人骆某清因故死亡，不能作出实质性抗辩表述，李某鲜等人称对骆某清的借款不知情，且不认识王某琼，认为借条只能说明骆某清有向王某琼借款的合意，且王某琼作为出借人对借款没有实际支付。故王某琼仍应对借款已实际支付进行举证。王某琼提供的银行取款记录只能说明一年来原告的银行流水及原告的消费记录，并不能证明王某琼已将借款实际支付给了骆某清。作为一个普通家庭来说11万元并非小数，一般不可能在日常家中存放，且又将钱取回家放上一年半载等待一个陌生人来借，这显然也不合常理。为此，根据《最高人民法院关于民事诉讼证据的若干规定》第二条、《最高人民法院关于审理民间借贷案件适用法律若干问题的规定》第十六条的规定，王某琼主张已实际支付借款，由于未提供有力的证据予以证明，本院不予以支持。

综上所述，王某琼的诉讼请求，其证据不足以证明借款已实际支付，对其诉讼请求本院不予支持。马边彝族自治县人民法院依照《中华人民共和国合同法》第二百一十条，《最高人民法院关于审理民间借贷案件适用法律若干问题的规定》第九条、第十六条，《中华人民共和国民事诉讼法》第六十四条、第一百五十二条，《最高人民法院关于民事诉讼证据的若干规定》第二条的规定，作出如下判决：

驳回原告王某琼的诉讼请求。

判决后王某琼没有上诉。

【法官后语】

本案处理重点主要在于对借款生效时间的节点及当地的交易习惯、贷款人的经济能力、财产变动等的理解。《合同法》第二百一十条规定："自然人之间的借款合同，自贷款人提供借款时生效。"《最高人民法院关于审理民间借贷案件适用法律若干问题的规定》第十六条第二款规定："被告抗辩借贷行为尚未实际发生并能作出合理说明，人民法院应当结合借贷金额、款项交付、当事人的经济能力、当地或者当事人之间的交易方式、交易习惯、当事人财产变动情况以及证人证言等事实和因素，综合判断查证借贷事实是否发生。"

具体到本案中，在实际借款人已经死亡，不能有效地作出抗辩的情况下，王某琼出示的"借条"，李某鲜等人却认为：不认识王某琼且对骆某清的借款不知情，王某琼没有实际支付借款。法院认为王某琼出示的《借条》是骆某清真实意思表示，是真实有效的，但自然人之间的借款合同是实践性合同，须出借人将资金或者资金支付凭证交付或者转账给借款人时，合同方为生效。据此，王某琼没有向法庭提交支付的凭证，故由王某琼承担不利的诉讼后果。

值得注意的是，本案中王某琼提交了银行的取款流水，因取款流水记录有取有存，正好说明王某琼没有将大额款项存放家里的习惯。11万元在偏远少数民族地区的一般家庭中并非小数，一般不可能在日常家中存放，且又将钱取回家放上一年半载等待一个陌生人来借，这显然也不合常理。综合当事人的经济能力和当地的交易习惯，确认借款尚未实际支付，做出上述判决。

编写人：四川省马边彝族自治县人民法院　彭聪

7

向他人借新债还旧债不同于三方间的债权转移

——王某某诉祁某等民间借贷案

【案件基本信息】

1. 裁判书字号

江苏省苏州市中级人民法院（2017）苏05民终11079号民事裁定书

2. 案由：民间借贷纠纷

3. 当事人

原告（上诉人）：王某某

被告（被上诉人）：祁某、蒋某、张某某

【基本案情】

2015年2月6日，祁某向王某某出具借条一份，载明："因本人祁某结欠张某某本息260万元，今祁某向王某某借到260万元用于偿还欠张某某的债务。经三方同意，由王某某农行卡转给张某某农行卡260万元，到今为止祁某和张某某无任何经济瓜葛。"张某某作为见证人在该借条上签名捺印。同时，张某某向王某某出具收条一份，载明"张某某收到王某某260万元"，祁某作为见证人也在该收条上签名捺印。同日，王某某转账给张某某260万元。2017年1月9日，王某某向法院提起诉讼，要求祁某及其妻子蒋某（祁某与蒋某于2009年12月30日登记结婚，

2016 年 9 月 9 日协议离婚）共同归还借款 260 万元。

另查明，王某某、张某某、案外人印某某、钱某等人的银行卡明细显示，在 2015 年 2 月 6 日，张某某转给印某某 80 万元、80 万元，印某某随后转给王某某 90 万元、90 万元。钱某转给印某某 80 万元，印某某随后转账给王某某 80 万元。王某某在收到印某某 260 万元转账后，又将 260 万元转账给张某某。

还查明，在 2015 年 2 月至 9 月期间，张某某与祁某有短信联系。2015 年 2 月 1 日张某某问“明天哪里见面?”祁某回复“一会说明天晚点现在有事”；张某某问“明天下午苏州还是盛泽?”祁某回复“盛泽”，张某某又回复“好的，那我在公司等你”。2015 年 2 月 4 日张某某问“过不过来回个话”。2015 年 2 月 7 日祁某给张某某发信息“今天千万帮我搞定谢谢”，2015 年 9 月 1 日祁某给张某某发信息“地理那里利息要付死我了”。（注：“地理”系原告王某某的绰号）

【案件焦点】

1. 涉案 260 万元借款是否真实存在，是否合法；2. 如借款成立，是否属于夫妻共同债务。

【法院裁判要旨】

江苏省苏州市吴江区人民法院经审理认为：祁某向王某某借款 260 万元用于归还祁某欠张某某的 260 万元，而不是张某某将 260 万元的债权转让给王某某，因此祁某提出的与张某某之间不存在 260 万元的债务以及债务非法等抗辩事由，不得对抗王某某。即便祁某与张某某之间的债权债务金额存在争议、260 万元确实是非法债务，因祁某已向王某某借了 260 万元归还给张某某，且王某某坚称不清楚祁某与张某某之间的债务性质，祁某属于不法原因给付，不受法律保护，不得主张不当得利返还。王某某出借给祁某的 260 万元，虽然追根溯源其中 160 万元确实是源自张某某，但从张某某提供的短信判断，不存在张某某与王某某恶意串通后胁迫祁某的情形。综上，王某某按三方约定出借给祁某 260 万元用以归还祁某欠张某某的款项，260 万元也由王某某实际转账给张某某，原告与被告祁某之间的借贷关系成立并有效。

蒋某不需要对祁某的上述债务承担还款责任。理由如下：第一，该笔巨额借款并非夫妻或家庭共同生活所需，对此王某某也是明知的。第二，王某某明知祁某家庭富裕，现为了还前债而不得不借新债，违反常情常理，出借的风险也较大，现王某某在蒋某不在场的情况下贸然出借，却要求蒋某在不知情的情况下承担还款责任，将明显导致利益失衡。综上，祁某与张某某的债务性质不明，并且有非法债务的可能，在此情况下，王某某单方出借给祁某的债务，不宜认定为夫妻共同债务。

江苏省苏州市吴江区人民法院依照《中华人民共和国合同法》第二百零六条、《中华人民共和国婚姻法》第四十一条、《最高人民法院关于适用〈中华人民共和国婚姻法〉若干问题的解释（二）》第二十四条的规定，作出如下判决：

一、祁某于本判决生效之日起十日内归还王某某借款本金260万元；

二、驳回王某某对蒋某的诉讼请求。

王某某不服一审判决，提出上诉，但因未预交案件受理费，苏州市中级人民法院作出（2017）苏05民终11079号裁定，按上诉人王某某自动撤回上诉处理。

【法官后语】

原债权人张某某在当地法院有许多作为原告的民间借贷案，且曾有以循环走账方式制造已给付出借款项的假相，进而进行虚假诉讼的先例（检察院抗诉后本院提起再审，该案中张某某也利用了印某某的银行卡走账）；债务人祁某家庭富裕而又债务缠身，且有赌博恶习；对于张某某与祁某间260万元的原始债务，张某某也未能提供确凿证据，祁某则一直声称是赌债。故本案审理之初承办人对涉案260万元债务的真实性、合法性心生怀疑，也因此依职权详细调查了涉案人员的银行卡往来明细，进而发现了王某某转给张某某的260万元，其中160万元就是来自张某某自己，从法院另案再审的情况来看，印某某与张某某也疑是利益共同体，有可能260万元就是来自张某某，即张某某转给王某某，再由王某某转回给张某某。那么，张某某很有可能为了“漂白”原债务，而利用了王某某的“白手套”。在此情况下，为查明本案事实，法院依祁某的申请，依法追加张某某为本案第三人参加诉讼。

然而，张某某在审理过程中提供与祁某的短信记录，显示祁某向王某某借款260万元用以还张某某的欠款，是三方协商一致的，祁某对此是明知的，而非出于被胁迫或者被欺诈。在此情况下，祁某借新债还旧债，不同于三方达成的债权转移，祁某对张某某的抗辩，不得向王某某主张，故张某某与祁某间原债权是否合法，不影响祁某与王某某之间债权的合法性。即便祁某欠张某某的债务是赌债，不受法律保护，属于自然债务，但如果祁某自愿归还给张某某，事后也不能向张某某主张返还，故祁某向王某某借款260万元属实，也不存在非法事由，应予认定。

本案在判决时，虽然《最高人民法院关于审理涉及夫妻债务纠纷案件适用法律有关问题的解释》尚未出台，但本着既保护善意债权人的合法权益，又保护未举债一方的合法权益的原则，平衡双方的利益，综合张某某与祁某债务的性质、祁某举新债的目的等方面，对是否是夫妻共同债务做出了切合此后出台的新司法解释原则的判决。

编写人：江苏省苏州市吴江区人民法院　沈黎红

8

借据、债款合同等债权凭证能否作为认定借贷事实的唯一证据

——肖某斌诉高某萍民间借贷案

【案件基本信息】

1. 裁判书字号

新疆维吾尔自治区乌鲁木齐市新市区人民法院（2017）新0104民初7725号民事判决书

2. 案由：民间借贷纠纷

3. 当事人

原告：肖某斌

被告：高某萍

【基本案情】

2014年4月3日，肖某斌与高某萍签订《借款合同》一份，约定：高某萍向肖某斌借款100万元，利息按照银行同期贷款利率的四倍计算，借款期限3个月，

自2014年4月3日至2014年7月3日。上述借款肖某斌转账交付41万元，现金交付55万元。

2014年9月23日，高某萍向肖某斌出具借据、《借款合同》、承诺书各一份，约定：其向肖某斌借款400万元，到期不能归还，自逾期之日起至借款全部清偿前按每日千分之一支付逾期利息和违约金。当日，肖某斌通过转账方式向高某萍交付借款148万元。2014年9月14日、9月30日、10月2日、4日、2015年2月7日，肖某斌通过转账方式分别向高某萍支付20.95万元、4万元、24万元、10万元、1.2万元，合计60.15万元。

2014年12月29日，高某萍向肖某斌出具借据、《借款合同》、承诺书各一份，约定：其向肖某斌借款10万元，到期不能归还，自逾期之日起至借款全部清偿前按每日千分之一支付逾期利息和违约金。2014年12月30日，肖某斌通过转账方式向高某萍付款8.6万元，高某萍认为该款项系肖某斌履行10万元借款而实际交付的借款，并且，肖某斌预先扣除了4个月的利息14000元（按照月利率3.5%计算）。肖某斌认为该部分借款10万元系现金交付，双方争议的8.6万元系本案借款。另，2016年8月25日，高某萍支付肖某斌10万元，原、高某萍均认可该款项系上述10万元借款的还款。

2015年5月22日，高某萍向肖某斌出具借据、《借款合同》、承诺书各一份，约定：其向肖某斌借款140万元，借款期限10个月，自2015年5月22日起至2016年3月22日止，到期不能归还，自逾期之日起至借款全部清偿前按每日千分之一支付逾期利息和违约金。当日，高某萍向肖某斌出具收到上述借款的收条。

2017年1月2日，高某萍向肖某斌出具借据、借款合同、承诺书各一份，约定：其向肖某斌借款70万元，借款期限5个月，自2017年1月2日起至2017年6月1日止，到期不能归还，自逾期之日起至借款全部清偿前按每日千分之一支付逾期利息和违约金。当日，高某萍向肖某斌出具收到上述借款的收条。肖某斌陈述该款项系当日现金支付，并提供2张照片证明现金支付的事实，照片中高某萍分别持有借据和收条，左前方放置了装有面值100元人民币的纸袋（肖某斌陈述系70万元中的一部分）。另，肖某斌第一次庭审时陈述照片系其拍摄，第二次庭审时陈述照片系其妻子拍摄，其不在现场。

2014年10月31日至2017年5月14日期间，高某萍分多次向肖某斌付款93.8

万元，肖某斌认可收到该部分款项的事实，但认为其中88.3万元（含2017年1月15日的2万元）系本案还款，2014年10月31日、11月6日的付款5.5万元系高某萍委托肖某斌建房的建房款，而非本案还款。另，高某萍提供证据证明其于2016年8月25日、2017年1月14日分别支付肖某斌1万元、2万元，肖某斌对2016年8月25日支付的1万元不认可（该款项支付凭证系取款凭证），对2017年1月14日转账支付2万元的凭证没有异议，但认为该款项系前述肖某斌提供银行账户明细中2017年1月15日的付款2万元（理由是转账支付的款项24小时后才能到对方账户）。

庭审中，肖某斌陈述上述2014年9月23日的借款400万元由前述2014年4月3日的借款100万元、转账交付的194.6万元及部分现金支付组成，其中肖某斌对转账及现金交付的金额多次陈述均不一致，第一次陈述转账支付194.6万元（由上述查明的148万元、4万元、24万元、10万元、8.6万元组成）、现金支付100余万元；第二次陈述转账支付182万元、现金支付100余万元；第三次陈述转账支付148万元、现金支付100余万元；2015年5月22日的借款140万元及2017年1月2日的借款70万元均系现金交付。高某萍陈述上述2014年9月23日、2015年5月22日的借据等系同一时间出具，其中140万元系借款400万元自2015年5月22日至2016年3月22日计10个月按照月利率3.5%计算的利息。2017年1月2日的借款70万元系借款400万元自2017年1月至2017年5月计5个月按照月利率3.5%计算的利息。针对2014年9月23日的借款合同，其实际收到借款本金215.55万元。另，原、高某萍均陈述双方于2014年4月3日借款前互不认识，2016年7月期间，肖某斌指派案外人居住在高某萍家中索要借款未果，同时，肖某斌陈述其部分业务为对外放贷，家中经常储备有200万~300万元现金，贷款利息一般为月利率2.5%，也存在6%、10%的贷款利率。上述四份借据、借款合同、承诺书中除债务人、借款方、出借方姓名、借款日期、借款本金系双方书写外，其他内容均系打印体，并且内容一致。

【案件焦点】

高某萍向肖某斌出具的借据、债款合同等债权凭证能否视为肖某斌履行了借款交付义务。

【法院裁判要旨】

新疆维吾尔自治区乌鲁木齐市新市区人民法院经审理认为：关于原、被告之间的借款本金是否为610万元的问题。本院认为，首先，针对400万元借款，原告已经提供被告于2014年4月3日借款100万元的借款合同，被告对原告申请出庭证人陈述已经交付55万元现金的事实亦没有异议，证人陈述剩余41万元系转账支付，被告抗辩记不清楚了，但并没有予以否认，并且，双方针对该部分借款申请公证处出具了赋予强制执行效力债权文书公证书，据此，现有证据能够认定被告收到借款96万元的事实，本院对此予以确认；原告陈述转账交付的款项，虽然其多次陈述均不一致，但其向被告实际转账支付215.55万元的事实，被告并没有异议，该部分款项中被告认为8.6万元系2014年12月29日的借款10万元，原告对该部分借款事实亦没有异议，因该款项的付款时间系借款合同签订次日支付，付款金额与上述预先扣除利息的借款100万元的作法亦基本一致，加之，原告未能对该部分借款系现金支付作出合理解释，据此，本院对被告的抗辩意见予以采纳，同时，2015年2月7日，原告通过银行转账方式支付被告的12000元亦属于客观事实，综上，本院确认原告转账交付被告的借款金额为208.15万元；原告陈述现金交付的借款，虽然其提供了借据及拍摄现金的照片等予以佐证，但原告陈述的该部分借款事实与原、被告之间的关系、原告陈述的付款过程、原告部分业务系专业对外放贷的事实存在不符合常理的情形，主要表现在：首先，原、被告于2014年4月3日发生借款之前互相并不认识，原告作为部分业务系对外放贷的专业人员在2014年9月23日确认400万元借款时未约定利息，亦未约定借款期限明显与双方的身份关系及原告的职业特点不符，并且，原告对该部分借款转账交付金额多次陈述不一致及双方签订《借款合同》当日其在被告出具的抵押协议左下角注明付款方式、金额与查明事实不符的事实，在一定程度上能够说明原告以现金方式交付借款的陈述存在与客观事实不符的可能；其次，2016年7月，原告已经指派案外人住在被告家中索款，客观上未能收回借款，其作为部分业务系对外放贷的专业人员，客观上会对被告的还款能力进行风险预判，其于2017年1月2日再次给被告借款70万元则明显与其职业特点不符，同时，该部分借款及2015年5月22日的借款虽然约定了还款期限，但亦没有约定利息，与原告追求放贷获利的利益诉求并不相符，并且，原告要求被告出具借据、借款合同、承诺书、收条等多份债权凭证的事实，客观上能够反映出原告对被告的信誉未达到足够信任的程度，双方未约定利息则存在其已经通过上述债权凭证获得相应利益诉求即利息的可能；再次，原告陈述其提供照片系2017年1月2日给被告借款时的现场照片，但陈述的照片拍摄过程明显前后矛盾，并且，原告对借款过程通过拍照方式进行固定的事实亦反映其对被告并不完全信任，同时，反映了原告存在预先用证据固定事实的专业特点，但其拍摄照片并非实际交付借款的照片，加之，原告作为对外放贷的专业人员完全可以通过转账支付方式固定付款事实，其舍弃直接证据而用间接证据固定付款事实有违常理，存在有意以间接证据固定非真实事实的可能；最后，原、被告签订的借款合同等债权凭证均系格式打印体，存在被告将借款利息作为本金予以签字确认的可能。综上，原告关于剩余借款系现金交付的陈述存在违反常理的上述情形，双方于2014年9月23日、2015年5月22日、2017年1月2日确认的借款中超出实际交付借款的部分则符合将实际借款利息结算为本金的情形，实际可结算为借款本金的利息数额见下表。据此，本院确认截至2017年1月2日原、被告之间的借款本金为4273050.15元。

关于原告主张借款本息能否支持的问题。《最高人民法院〈关于适用中华人民共和国合同法若干问题〉的解释（二）》第二十一条规定，债务人除主债务之外还应当支付利息和费用，当其给付不足以清偿全部债务时，并且当事人没有约定的，人民法院应当按照下列顺序抵充：（一）实现债权的有关费用；（二）利息；（三）主债务。《最高人民法院关于审理民间借贷案件适用法律若干问题的规定》第二十六条规定，借贷双方约定的利率未超过年利率24%，出借人请求借款人按照约定的利率支付利息的，人民法院应予支持。借贷双方约定的利率超过年利率36%，超过部分的利息约定无效。借款人请求出借人返还已支付的超过年利率36%部分的利息的，人民法院应予支持。第二十八条规定，借贷双方对前期借款本息结算后将利息计入后期借款本金并重新出具债权凭证，如果前期利率没有超过年利率24%，重新出具的债权凭证载明的金额可认定为后期借款本金；超过部分的利息不能计入后期借款本金。约定的利率超过年利率24%，当事人主张超过部分的利息不能计入后期借款本金的，人民法院应予支持。按前期计算，借款人在借款期间届满后应当支付的本息之和，不能超过最初借款本金与以最终借款本金为基数，以年利率24%计算的整个借款期间的利息之和。出借人请求借款人支付超过部分的，人民法院不予支持。根据上述法律规定，被告于2014年9月23日、2015年5月22日、2017年1

月2日出具债权凭证载明借款金额中除本院认定原告已经交付的款项外，其余款项应根据双方约定的借款利率计算利息并确定相应的借款本金金额。针对被告已经偿还的款项，虽然原告是按照月利率2%计算利息后扣除被告已付款项80万元，但其计算利息的借款本金包括本院确认系利息结算为本金的部分，故其主张的利息客观上已经超过按照月利率2%计算的利息，故根据上述法律规定，被告已经偿还的款项按照年利率36%计算利息后予以折抵，被告未支付的利息则应当按年利率24%予以计算，并根据先支付利息后偿还本金的顺序予以抵充，同时，按照上述法律规定，被告已经支付利息至2017年2月14日，具体计算方式见表格，据此，本院支持原告主张的借款本金4273050.15元及自2017年2月14日至2017年8月23日计190天，按照借款304.15万元、年利率24%计算的利息379979.18元（304.15万元×24%÷365天×190天）。

新疆维吾尔自治区乌鲁木齐市新市区人民法院依照《中华人民共和国合同法》第二百零五条、第二百零六条、第二百零七条，《最高人民法院关于适用〈中华人民共和国合同法〉若干问题的解释（二）》第二十一条，《最高人民法院关于审理民间借贷案件适用法律若干问题的规定》第二十六条、第二十八条之规定，作出如下判决：

一、被告高某萍偿还原告肖某斌借款本金4273050.15元；

二、被告高某萍支付原告肖某斌借款利息379979.18元。

【法官后语】

本案处理重点主要在于肖某斌是否按照债权凭证中载明的借款金额履行了付款义务。我国《合同法》第二百一十条规定："自然人之间的借款合同，自贷款人提供借款时生效。"

具体到本案中，虽然借款人已经出具了借据、《借款合同》、承诺书等债权凭证，但民间借贷作为实践性合同，借款是否实际交付仍应当是案件审理的重点，特别是出借人长期高利放贷的案件，借条、借据、借款合同等书面证据及出借人为应对法庭审理而预先拍摄的现金交付的照片等并非认定借贷事实的唯一证据，出借人对现金交付过程的陈述前后矛盾时，应当根据其出借能力、出借次数、前期借款的归还情况、双方的关系等事实，并结合日常生活经验综合判断借款是否实际交付。

值得注意的是，职业放贷案件中因借款人通常属于弱势一方，证据收集及权利维护意识较差，出借人持有借据等优势证据时，仍然需要特别关注款项交付的方式、出借人的资金来源、出借次数、前期借款的归还情况、有无预先扣除利息、是否长期从事放贷业务、债权凭证之间是否存在利息结算为本金及计算复利的可能，并由此作出更接近客观事实的判决。

编写人：新疆维吾尔自治区乌鲁木齐市新市区人民法院　李建忠

9

单凭转账凭证能否证实借贷关系的存在

——余某某、黄某某诉张某某民间借贷案

【案件基本信息】

1. 裁判书字号

广西壮族自治区贵港市中级人民法院（2017）桂08民终1484号民事判决书

2. 案由：民间借贷纠纷

3. 当事人

原告（上诉人）：余某某、黄某某

被告（被上诉人）：张某某

【基本案情】

二原告于2011年3月29日向被告借款800000元，又于2011年5月11日向被告借款300000元，在该300000元的银行转账单上还注明“月息按6分计”；还于2011年11月26日借款70000元，上述借款原告均写有借条给被告。另外，从2011年3月29日起至2011年4月8日止被告分4次通过银行转账共470000元给原告，原告在收到上述款项后，均在上述银行业务回单上注明已写借条给被告。上述款项，原告也已偿还给被告。2011年12月21日，余某某通过中国农业银行贵港港南支行账户向被告转账151000元，同日，被告张某某向原告余某某出具《收条》一

份，《收条》载明："兹收到余某某现金贰拾万元正（200000元正）。"2011年11月18日，原告余某某还向被告支付利息10000元，被告还出具了《收款单》给原告余某某收执。

2012年4月1日，原告余某某通过贵港市区农村信用合作联社江南分社向被告转账950000元，2012年4月2日向被告交付现金50000元，2012年4月2日，被告张某某向原告余某某出具了《收款单》一份，《收款单》载明："兹收到余某某现金人民币壹佰万元正（其中玖拾伍万元2012年4月1日转账信用社，2012年4月2日现金币伍万元正）共壹佰万元正"；2012年4月9日，黄某某通过中国农业银行转账1300000元给被告张某某，余某某通过贵港市区农村信用合作联社贵城信用社转账1340000元给被告张某某，在银行电汇凭证（回单）上的附加信息及用途栏还注明有"往来款"；同日，余某某还通过贵港市区农村信用合作联社郊区信用社转账5020000元给被告张某某，在广西农村信用社行内汇兑往账客户回执上同样也注明有"往来款"，以上共计8660000元。两原告以其所转的8660000元系借给被告的借款，现要求被告返还为由诉至法院。

2013年10月23日，广西贵港市某木业发展有限公司及原告黄某某向被告借款2700000元，当日，黄某某还出具了《借条》给被告收执，《借条》载明："今借到张某某人民币贰佰柒拾万元整，作解押用款，于2013年10月30日归还。"2014年6月29日，黄某某还在《借条》上注明："已还105.6万元尚欠164.4万元，到2014年8月份还清164.4万元。"

【案件焦点】

被告是否向原告借款、借款金额是多少。

【法院裁判要旨】

广西壮族自治区贵港市港南区人民法院经审理认为：当事人对自己提出的诉讼请求所依据的事实应当提供证据加以证明。原告主张其借有866万元给被告，仅提供了银行转账凭证予以证实，原告所提供的银行汇款凭证并不等于借据，只是行为人办理过汇款业务的凭证，而借据是指借用人借用别人的钱、物时，所立具的由出借人保存的字据，也是反映着彼此存在债权债务关系的证据。原、被告之间有经济业务往来，从2011年3月29日至11月26日期间，原告曾向被告借款，原告均出具有《借条》给被告，上述借款行为及《借条》表明，原、被告之间的借贷形式及习惯是具有固定性的，即双方之间的借贷关系均有《借条》作为依据。《中华人民共和国民事诉讼法》第六十四条第一款规定："当事人对自己提出的主张，有责任提供证据。"本案中，原告仅凭银行汇款凭证主张其借款866万元给被告，原告的表述与原、被告之前的借贷习惯及形式明显不符，原告主张866万元系被告的借款，如该主张成立，在被告未偿还上述款项的情况下，原告不是向被告主张还款或要求其出具《借条》，而是于2013年10月23日再次向被告借款，可见，原告的表述及行为明显违反了生活常理，违背双方一贯的借贷习惯及形式，而且原告提供的银行汇款凭证虽然能反映出原告与被告之间曾经有过866万元的金钱往来，但从银行的转账凭证看，其中2012年4月9日汇款给被告的134万元的电汇凭证及转账给被告的502万元广西农村信用社行内汇兑往账客户回执上均注明是"往来款"，而非"借款"，同时，被告亦提供证据证实原告向其转账的866万元是用于归还之前原告向其的借款，而且原告所提交的证据11（还张某某款项记录及计算结果），也恰好证实了原、被告之间一直都有经济往来，根据《最高人民法院关于审理民间借贷案件适用法律若干问题的规定》第十七条"原告仅依据金融机构的转账凭证提起民间借贷诉讼，被告抗辩转账系偿还双方之前借款或其他债务，被告应当对其主张提供证据证明。被告提供相应证据证明其主张后，原告仍应就借贷关系的成立承担举证证明责任"的规定，原告应当就双方存在借贷关系进一步提供证据。现原告仅凭银行转账单来确认双方存在借贷关系、被告尚欠其借款本金866万元的事实，其证明力不充分。故对原告的主张本院不予支持。

综上所述，广西壮族自治区贵港市港南区人民法院依照《最高人民法院关于审理民间借贷案件适用法律若干问题的规定》第十七条、《中华人民共和国民事诉讼法》第六十四条第一款、《最高人民法院关于适用〈中华人民共和国民事诉讼法〉的解释》第九十条的规定，判决：

驳回原告余某某、黄某某的诉讼请求。

余某某、黄某某不服原审判决，提起上诉。贵港市中级人民法院经审理认为：本案争议的焦点问题是上诉人与被上诉人之间是否存在涉案的866万元的借贷关系。

上诉人主张其提供的银行转账单及被上述人出具的证明书等证据已经形成完整

的证据链，足以证实双方之间的借贷关系成立有效。但经核实，上诉人与被上诉人之间一直以来都有经济往来，上诉人在同一时期亦多次向被上诉人借款。上诉人所提供的转账凭证并没有明确转款属于借款，且大部分的转账还注明只是往来款，单凭上诉人所提供的转账凭证并不能证实双方之间存在866万元的借贷关系。而上诉人所提供的证明书，该材料上亦没有能直接证实双方就借款存在合意的内容，无法印证被上诉人向上诉人借款866万元的事实。另外，按照上诉人起诉时的主张，其自2012年4月就出借866万元给被上诉人，但既没有约定利息，也没有要求提供抵押担保，更没有要求被上诉人出具借条，至2016年8月，才向被上诉人追讨欠款，这有悖常理，也有违一般的民间借贷习惯。而且在对方未偿还借款的情况下，2013年上诉人还向被上诉人借款，这与上诉人所主张被上诉人向其借款相矛盾。为此一审法院结合案件实际情况，没有认定上诉人与被上诉人之间存在涉案866万元的借贷关系是正确的。

综上所述，余某某、黄某某的上诉请求不能成立，应予以驳回；一审判决认定事实清楚，适用法律正确，应予以维持。依照《中华人民共和国民事诉讼法》第一百七十条第一款第一项规定判决：

驳回上诉，维持原判。

【法官后语】

民间借贷合同是《合同法》中明确规定的合同类型，民间借贷合同的成立一般应符合：1. 借贷双方的真实意思表示；2. 出借人实际履行出借义务；3. 借贷行为未违反法律法规及行政强制性规定。民间借贷案件中，主张民间借贷关系的成立，举证责任往往由原告承担，即举证证明双方借贷的合意、付款事实的存在。基于本案，余某某、黄某某提供的转账凭证仅能说明当事人存在着经济往来联系，存在付款事实，但并不能证明是双方关于借贷的合意，即不能证明借贷关系的成立。根据《最高人民法院关于审理民间借贷案件适用法律若干问题的规定》第十七条规定："原告仅依据金融机构的转账凭证提起民间借贷诉讼，被告抗辩转账系偿还双方之前借款或其他债务，被告应当对其主张提供证据证明。被告提供相应证据证明其主张后，原告仍应就借贷关系的成立承担举证证明责任。"在民间借贷案件审理过程中，如原告仅提供金融转账凭证来主张借贷关系的存在，只要被告提出抗辩，并提供与之相应的证据，原告仍应就借贷关系的成立承担举证证明责任。而现实中，很多出借人缺乏法律意识，碍于情面，在出借款项时，未能向借款人索要书面的借款凭证，导致日后产生纠纷时处于被动的局面，以至于败诉。本案中，余某某、黄某某仅就转账凭证要求张某某偿还借贷款866万元，张某某就余某某、黄某某的诉讼请求依法提交的证据证实双方存在其他的经济来往关系后，而余某某、黄某某未能提供其他证据予以证实双方866万元借贷关系的存在。根据双方的经济往来亦可以看出双方经济往来较多，余某某、黄某某主张的借款缺乏独一性，其诉讼请求难以获得支持。此外，此类案件将举证责任分配给被告，大多数被告是毫无规避风险能力的，一旦其无法提供相应的证据支持其抗辩，亦会导致其败诉。因此，对于民间借贷案件，主张借贷关系的成立基础仍应规范为书面凭证，单凭转账凭证不足以认定民间借贷关系的成立。

编写人：广西壮族自治区贵港市港南区人民法院　张海

10

借款凭证上所加盖的章刻有“本印章用于设立债务无效”的内容，借款责任的认定

——林某鹏诉广西建工集团第五建筑工程有限责任公司第二分公司等民间借贷案

【案件基本信息】

1. 裁判书字号

广西壮族自治区柳州市中级人民法院（2017）桂02民终950号民事判决书

2. 案由：民间借贷纠纷

3. 当事人

原告（上诉人）：林某鹏

被告（上诉人）：叶某械

被告（被上诉人）：广西建工集团第五建筑工程有限责任公司第二分公司（以下简称二分公司）、广西建工集团第五建筑工程有限责任公司（以下简称五建公司）、桂某胜

【基本案情】

被告叶某械、桂某胜系被告二分公司的员工，被告叶某械系梧州市龙圩区水岸名都项目部的项目技术负责人。

原告（甲方）向本院提供2014年1月6日《苍梧水岸名都商住楼小区水电、门窗安装工程项目经营责任全额经济承包合同书》一份，合同中盖有“广西建工五建公司梧州市龙圩区水岸名都商住小区工程技术业务专用章（本印章用于设立债务无效）”即（乙方），约定：乙方将苍梧水岸名都商住楼小区工程主合同中有关水电、门窗、安装工程委托原告负责项目经营责任全额经济承包管理；第十条其他约定载明，“乙方自愿借款贰佰万元（￥2000000.00）给甲方项目部使用，利息按年利率24%（不计复利），并在《苍梧水岸名都商住楼小区水电、门窗安装工程项目经营责任全额经济承包合同书》签订前（2014年1月5日前支付1000000.00元，2014年1月15日支付1000000.00元，共计2000000.00元）全额支付到甲方指定账户上；借款期限：从借款全额转账至甲方账上并办理交接手续之日起，到苍梧水岸名都商住楼小区工程主体结构完成50000㎡之日后第十日到期，但最长期限为18个月；在约定的借款期限期满之前，乙方不得以任何理由要求甲方提前归还此借款的全部或一部分，否则甲方不仅可以拒付，同时可以单方面取消与乙方签订的《苍梧水岸名都商住楼小区水电、门窗安装工程项目经营责任全额经济承包合同书》，且乙方自动丧失获得一切违约金和利息的权利，并承担由此产生的一切责任和后果，上述约定的借款条款亦为甲方将苍梧水岸名都商住楼小区工程水电、门窗安装工程委托乙方负责项目经营责任全额经济承包管理的前提条件；若到时甲方不能全额归还乙方借款，则从甲方拖欠之日起每日按甲方拖欠乙方的本金余额的万分之柒承担违约责任及利息（每日违约责任及利息的总和为万分之柒，不再另计利息）”。被告桂某胜、叶某械在上述印章处签字确认。

2014年1月6日，原告从61326001××××向61975986××××（原告陈述该账户的户名为被告桂某胜）账户转入21万元。2014年1月6日、22日、27日，

原告从943801101000××××账户向被告叶某械的622992050015947××××账户分别转入79万元、50万元、50万元。上述款项合计200万元，原告称系向被告二分公司承建的梧州市龙圩区水岸名都项目部出借的款项。

原告向本院提供2015年8月5日《借条》一份，落款处载明借款部门“广西建工集团第五建筑工程有限责任公司第二分公司承建的梧州市龙圩区水岸名都项目部”，并加盖有“广西建工五建公司梧州市龙圩区水岸名都商住小区工程技术业务专用章（本印章用于设立债务无效）”，《借条》上载明：“兹有林某鹏借给广西建工集团第五建筑工程有限责任公司第二分公司承建的梧州市龙圩区水岸名都项目部的（水电、门窗安装分包合同内借款）工程款合计大写：贰佰万元整（其中一笔壹佰万元于2014年元月6日收到，一笔伍拾万元于2014年1月22日收到，一笔伍拾万元于2014年1月27日收到）。根据双方签订的合同约定按年利息24%计（不计复利）至2015年8月5日应付林某鹏本息共计大写：贰佰柒拾肆万捌仟元整（¥2748000.00元），由于项目部原因未能按期还款。经双方友好协商林某鹏同意项目部于2016年2月5日前还款，该笔款项按月利率2%计（不计复利），于2015年8月6日起计。若至2016年2月5日未能还清此款，双方另行协商。”被告桂某胜在上述印章下方“项目负责人”处签字，被告叶某械在上述印章下方“证明人”处签字确认。

【案件焦点】

借款凭证上所加盖的章刻有“本印章用于设立债务无效”的内容，该单位主张免责理由是否成立。

【法院裁判要旨】

广西壮族自治区柳州市柳北区人民法院经审理认为：民事活动中的当事人应遵循诚实信用、等价有偿的原则。综合原告提供的证据材料，已经形成完整的证据链，足以证明原告在与涉案项目部签订经济承包合同书后，履行了款项支付行为。原告要求四被告清偿借款的诉讼请求，本院认为，涉案经济合同书及《借条》上加盖的项目部的印章中包含“本印章关于设立债务无效”内容，被告叶某械、桂某胜亦在上述经济合同书及《借条》上签字确认，双方在从事上述行为时应考虑相应的法律后果；原告提供的支付凭证证实该款项实际分别支付至被告叶某械（179万元）和被告桂某胜（21万元）账户，本案债务应由被告叶某械、桂某胜按照原告支付数额分别承担。被告五建公司、二分公司的辩称，有事实及法律依据，本院予以采信。对于原告主张的利息计算标准，符合法律规定，本院予以支持，但应结合被告叶某械、桂某胜分别收到的款项数额及时间作为计算基数及起算时间。

广西壮族自治区柳州市柳北区人民法院依据《中华人民共和国合同法》第一百一十三条第一款、第二百零五条、第二百零六条、第二百零七条，《中华人民共和国民事诉讼法》第一百四十四条之规定，判决如下：

一、被告叶某械归还原告林某鹏借款1790000元并支付相应的借款利息（计算方法：按年利率24%计算，从2014年1月6日至2014年1月21日，以790000元为基数；从2014年1月22日至2014年1月26日，以1290000元为基数；从2014年1月27日起计算至被告叶某械付清本息之日止，以1790000元为基数）；

二、被告桂某胜归还原告林某鹏借款210000元并支付相应的借款利息（计算方法：按年利率24%计算，从2014年1月6日起计算至被告桂某胜付清本息之日止，以210000元为基数）；

三、驳回原告林某鹏的其他诉讼请求。

林某鹏、叶某械不服判决，提起上诉。

广西壮族自治区柳州市中级人民法院经审理认为：一方仅依据金融机构的转账凭证提起民间借贷诉讼，另一方借贷民事法律行为应基于借贷双方的意思表示一致成立。本案中，上诉人林某鹏以《苍梧水岸名都商户楼小区水电、门窗安装工程项目经营责任全额经济承包合同书》和《借条》中关于二分公司向其借款200万元的约定，要求二分公司、五建公司共同偿还借款本息，但上述协议所盖公章并非二分公司、五建公司的公章，其仅是“广西建工五建公司梧州市龙圩区水岸名都商户楼小区工程技术业务专用章”，且刻有“本印章用于设立债务无效”的内容，说明二分公司、五建公司并无对外借款的意思表示，双方并未成立借贷关系。同时，桂某胜、叶某械既非二分公司的法定代表人，也没有取得二分公司、五建公司的授权，其以广西建工集团第五建筑工程有限责任公司（二分公司）梧州市苍梧水岸名都项目部的名义与林某鹏订立借款协议，该行为未得到二分公司、五建公司的追认，相应的法律后果不应由二分公司和五建公司承受；即便桂某胜、叶某械系二分公司和五建公司的员工，在“广西建工五建公司梧州市龙圩区水岸名都商户楼小区工程技术业务专用章”刻有“本印章用于设立债务无效”内容的情况下，也足以引起交易相对方注意，林某鹏作为完全民事行为能力人，应当认识到上述内容的法律含义及后果，因此桂某胜、叶某械与林某鹏订立借款协议的行为亦不能构成表见代理，根据《中华人民共和国民法通则》第六十六条“没有代理权、超越代理权或者代理权终止后的行为，只有经过被代理人的追认，被代理人才承担民事责任。未经追认的行为，由行为人承担民事责任。本人知道他人以本人名义实施民事行为而不作否认表示的，视为同意”之规定，应当由行为人桂某胜、叶某械承担法律责任。一审判决由桂某胜、叶某械按照分别收取的款项承担还款义务，并根据分别收到款项的数额及时间计付利息，该判决并无不当，应予维持。

上诉人林某鹏、叶某械主张借款200万元已经汇到苍梧水岸名都商住小区项目部指定账户，且已用于五建公司和二分公司承建的该项目上（即用于缴纳公司项目的履约保证金及公司项目建设使用），五建公司和二分公司系该笔借款的受益人，应当承担还款责任。从上诉人叶某械提交的《广西建工集团第五建筑工程有限责任公司施工项目班子申请表》及批复、《水岸名都商住小区项目各次会议签到表》《苍梧水岸名都商住小区工程经营责任全额经济承包合同书》《广西建工五建公司水岸名都商住小区工程任务单》等证据（林某鹏、桂某胜对上述证据均无异议）来看，三人对桂某胜作为苍梧水岸名都商住小区工程内部承包人、叶某械作为该项目技术负责人均是认可的，涉案款项也直接汇入桂某胜、叶某械银行账户而非五建公司或二分公司的账户，因此上述情形更符合工程内部承包方需要施工资金而向他人借款的性质，故在桂某胜、叶某械与林某鹏订立借款协议不能构成表见代理的情况下，上诉人以款项用于施工项目而要求作为总承包方的五建公司和二分公司承担还款责任，该主张缺乏法律依据，本院不予支持。综上所述，上诉人林某鹏、叶某械的上诉请求不能成立，应予驳回；一审判决认定事实基本清楚，适用法律正确，判决适当。

广西壮族自治区柳州市中级人民法院依照《中华人民共和国民事诉讼法》第一百七十条第一款第一项之规定，判决：

驳回上诉，维持原判。

【法官后语】

原告提供的证明借贷关系的材料（包括合同、借条）上所加盖的单位的章上刻有“本印章用于设立债务无效”的内容。正常的交易情形下，单位作为义务主体对外从事民事活动，应当加盖的是自己的公章。而本案中不但加盖的不是公章，且该项目部的章上清楚地刻有“本印章用于设立债务无效”的内容，这么明显的字迹，足以引起交易相对方注意。但恰恰相反，原告作为完全民事行为能力人，应当认识到上述内容的法律含义及后果。原告仍然继续从事该交易行为，应承担相应的法律后果。为此，原告要求该单位承担支付责任的诉讼请求不应得到支持。

现实生活中，这类情况并不罕见。一般而言，这类情况出现的主要原因为当事人的法律意识淡薄。实际上，单位为了预防不良员工未经同意使用其项目部的章，对外从事交易行为，故在该章上刻上不能用于设立经济行为等内容，一方面维护了自身的合法权益，另一方面也能提醒交易相对方注意谨慎行事，以避免不必要的麻烦。此种情况下，原告只能主张具体行为人承担相应的支付责任。本案对于涉及单位的特殊的民间借贷纠纷案件起到一定的借鉴作用。

编写人：广西壮族自治区柳州市柳北区人民法院　覃素红

11

房屋让与担保在借款合同中的效力问题

——沈阳金池典当有限责任公司诉金泰隆房地产开发有限公司借款合同案

【案件基本信息】

1. 裁判书字号

辽宁省沈阳市沈河区人民法院（2016）辽0103民初11941号民事判决书

2. 案由：借款合同纠纷

3. 当事人

原告：沈阳金池典当有限责任公司

被告：沈阳金泰隆房地产开发有限公司

【基本案情】

2013 年 11 月 27 日，原告与被告签订了《支票质押典当借款合同》及《房地产备案登记担保合同》，双方约定：被告向原告借款当金人民币 100 万元整，借款期限为六个月，即自 2013 年 11 月 27 日至 2014 年 5 月 26 日，月利息为 0.8%，月综合费率 2.7%，月息费合计 3.5%。合同约定的利率和综合费率不受本合同借款期限的限制，乙方（被告）每月必须按时交纳利息和综合费用直至乙方清偿完债务为止。乙方按时交纳利息及综合费用，即合同到期日前每月支付当月利息及综合费用叁万伍仟元整。如乙方未能履行此约定，甲方（原告）有权单方提前终止合同并向乙方追索借款本金、综合费用，并按照借款总额日千分之二计算向乙方收取违约金，并行使质押权。原告认可 100 万元实际支付 965000 元。2013 年 12 月 5 日，被告与原告签订《支票质押典当借款合同》约定："第四条借款金额（当金）及借款期限，借款金额人民币肆佰万元整（¥4000000 元），借款期限六个月，即自 2013 年 12 月 5 日至 2014 年 6 月 4 日（借款的实际放款日以借据为准），借款费用月利息 0.8%，月综合费率 2.7%，月息费合计 3.5%，本合同约定的利率和综合费率不受合同借款期限的限制，乙方每月必须按时交纳利息和综合费用直至乙方清偿完债务为止。乙方按时交纳利息及综合费用及合同到期日前支付月利息和综合费用壹拾肆万元整（¥140000 元），如乙方未能履行此约定，甲方有权单方提前终止合同并向乙方追索借款本金、综合费用，并按照借款总额日 2‰计算向乙方收取违约金，并行使质押权。"原、被告双方加盖公章。被告法定代表人向原告出具 400 万元借据、收据一份。原告认可 400 万元当日支付 386 万元。庭审中，原告还提交了合同约定的 23 套经过沈阳市法库县房地产登记交易中心备案的房屋买卖合同。被告提交了相关的还款证据和与原告员工杨某的录音证据，原告对还款数额和杨某的员工身份没有异议，但不认可被告所主张的先还本金后还利息。

【案件焦点】

以房屋买卖合同形式作为借款的抵押担保，是否认可其具有抵押权的相关法律效力。

【法院裁判要旨】

辽宁省沈阳市沈河区人民法院经审理认为：根据我国民事诉讼法的有关规定，

合法的借贷关系受法律保护。关于本案借款性质，根据《典当管理办法》第三十条第一款规定，当票是典当行与当户之间的借贷契约，是典当行向当户支付当金的付款凭证。原告没有证据证明原、被告之间存在当票，形成典当借贷契约。根据《典当管理办法》第三十九条的规定，典当期内或典当期限届满后5日内，经双方同意可以续当，续当一次的期限最长为6个月。续当期自典当期限或者前一次续当期限届满日起算。续当时，当户应当结清前期利息和当期费用。原、被告签订的合同第四条约定"本合同约定的利率和综合费率不受合同借款期限的限制，乙方每月必须按时交纳利息和综合费用直至乙方清偿完债务为止"，明显不符合典当管理办法关于续当的规定。综上，不认可原、被告之间构成典当关系，而应为民间借贷法律关系。关于借款本金，原告出具的证据相互印证，能够证明被告向原告借款人民币965000元和3860000元，而被告沈阳金泰隆房地产开发有限公司作为完全民事行为能力人，应清楚出具《借条》《收条》的法律后果，故原、被告之间借贷关系成立。被告沈阳金泰隆房地产开发有限公司作为借款人向原告借款，应按约定履行返还借款的义务。现被告沈阳金泰隆房地产开发有限公司拖欠原告借款的行为，已侵害了原告的合法权益，对此，被告沈阳金泰隆房地产开发有限公司应承担返还借款的责任。对于原、被告关于还款性质的争议，被告没有证据证明原告公司法定代表人曾同意先本后息的还款方式，被告提交的录音证据中也没有明确关于还款性质的表述。虽然不排除原告员工杨某在其他场合为了催款需要，曾做出过可以先本后息的还款表述，但鉴于原告是以借贷业务为其经营主业的典当公司，借款利息为其主要营业利润，如此大额的还款金额，在原告员工杨某没有授权文件的情况下，被告也不应有合理理由相信杨某的承诺，故不成立表见代理。根据民间借贷司法解释意定之债不超过3%的规定和《最高人民法院关于适用〈中华人民共和国合同法〉若干问题的解释（二）》还款先息后本的法律关系，以实际支付本金482.5万元为基数，按月利率3%，先息后本计算，每次多偿还部分视为偿还本金，至2015年12月25日最后一次还款，被告尚欠2077430元。关于利息、违约金、综合费用，根据民间借贷司法解释各费用之和不应超过年利率24%，故以尚欠本金2077430元为基数，自2015年12月26日起至实际清偿之日止，按年利率24%计算。关于优先受偿权，本案涉及房产未办理他项权利证书，以买卖合同备案形式的抵押不符合《中华人民共和国物权法》规定的不动产抵押方式，故对原告该项诉讼请求不予支持。

辽宁省沈阳市沈河区人民法院依照《最高人民法院关于审理民间借贷案件适用法律若干问题的规定》第二十六条、第三十条，《典当管理办法》第三十条、第三十九条，做出如下判决：

一、被告沈阳金泰隆房地产开发有限公司于本判决发生法律效力之日起十日内偿还原告沈阳金池典当有限责任公司尚欠借款人民币2077430元及利息、违约金、综合费用（以人民币2077430元为基数，按年利率24%计算，自2015年12月26日起至实际清偿之日止）；

二、驳回原告沈阳金池典当有限责任公司的其他诉讼请求。

【法官后语】

司法实务中对于不动产的让与担保的处理态度不甚明朗，关于"以房抵债"协议的性质，以及由此在当事人之间形成的具体法律关系，向来存在广泛的解释空间。这其中的诸多争议包括，条款性质是否属于流质（押），基于担保合同取得的权利究竟是真正所有权还是仅为特殊的请求权，是优先受偿权，还是合同债权，甚至是否会因为被认定是无效合同而无法获得任何权利。

2014年第12期《最高人民法院公报》登载的"朱某芳与山西嘉和泰房地产开发有限公司商品房买卖合同纠纷案"是一个转折，最高人民法院通过解释"流质（押）"角度得出了支持房屋所有权让渡协议的结论。其论证思路为：1.《借款协议》中"如到期不能偿还，或已无力偿还，乙方（嘉和泰公司）将用以上抵押物来抵顶借款，双方互不再支付对方任何款项"并非法律上禁止的流押条款。理由在于并未直接约定到期未还款抵押物所有权就转移为朱某芳所有，朱某芳并不能直接按约取得"抵押物"所有权。2.《借款协议》相当于为《商品房买卖合同》的履行附设了解除条件。解除条件成就，就履行《借款协议》；解除条件未成就，就履行《商品房买卖合同》。3. 解除条件使得嘉和泰公司对两份合同的履行具有选择权，就其实际履行而言，反而更具主动性。4. 嘉和泰公司可以以显失公平为由请求撤销《商品房买卖合同》。

上述以促进交易、维护意思自治的角度认可了房屋让与的效力，而没有拘泥于一贯的利益平衡思维，但该案的思路受到了一些质疑，最高人民法院之后也并未继续坚持该案所展现出的指导方向，而似乎放弃了对该类案件提炼一般准则的做法，而主张根据案情具体分析。例如，《人民司法》2014年第16期刊登的“广西嘉美房地产开发有限责任公司与杨某鹏商品房买卖合同纠纷案”中，几乎完全相同的案情和法律关系，在一二审均支持了原告要求实现通过担保合同获得的房屋所有权的情况下，最高人民法院再审认为，“受让人未提供销售不动产发票原件、不能说明支付款项性质等事实，应认定双方的真实意思表示是借款法律关系。双方签订商品房买卖合同并办理备案登记的行为为非典型担保方式。既然属于担保，就应适用物权法有关禁止流押的原则”，最高人民法院以此为根据作出了驳回原告要求交付房屋请求的裁决。

2015年9月1日公布的《最高人民法院关于审理民间借贷案件适用法律若干问题的规定》，确立了该类案件的思路应集中在借贷关系上的方针，而无须多考虑房屋过户合同的性质——“当事人以签订买卖合同作为民间借贷合同的担保，借款到期后借款人不能还款，出借人请求履行买卖合同的，人民法院应当按照民间借贷法律关系审理，并向当事人释明变更诉讼请求。当事人拒绝变更的，人民法院裁定驳回起诉”。从合同中追寻线索，探究双方当事人的真实意思表示。注意标记和分析有代表性的情节，包括签订合同时房屋的价值与债权数额是否相一致，该地区房价的升降情况及趋势，以及双方在签订合同时是否存在交易地位差距等，这其中尤其不可忽视的是公平原则的适用，但通常案件却很少如《最高人民法院关于审理民间借贷案件适用法律若干问题的规定》预期的那样具备足够的额外因素。事实上回避了让与担保合同的效力认定问题，从而避免了对所有权让渡协议（不论是买卖带来的还是让与担保带来的）的效力的判断。

但实际上，以借贷关系为前提并不能消除所有权担保存在的可能，既然认可了非典型担保方式的存在，就不能简单以禁止流（质）押的原则来否定它的效力，否则就陷入了以概念解释概念的泥淖。

编写人：辽宁省沈阳市沈河区人民法院　姚家林

12

分手后一方持债权凭证起诉时借贷关系的认定

——刘某诉张某民间借贷案

【案件基本信息】

1. 裁判书字号

北京市第二中级人民法院（2017）京02民终5112号民事判决书

2. 案由：民间借贷纠纷

3. 当事人

原告（被上诉人）：刘某

被告（上诉人）：张某

【基本案情】

原告与被告曾多年保持婚外男女朋友关系，并不定期地同居。2014年2月10日，被告向原告出具欠条一张，内容为：张某在2014年3月15日之前，还给刘某人民币十万元整。逾期不还，依法律解决。2014年1月6日，被告向原告出具借条一张，内容为：张某欠刘某六千元整，春节前归还（两月之内）。因被告未向原告支付上述款项，原告即提起诉讼。被告否认双方存在借贷关系，称原告所依据的欠条是因原告与被告曾经发生婚外感情纠纷，被告提出结束双方的关系时，原告多次威胁，被告被迫签署了欠条。

经审理查明，2013年3月22日，被告向原告转账30万元，原告出具收据称收到还款；3月28日，被告向原告转账20万元，原告出具收据称收到还款。2013年5月2日，原告与被告签订协议，约定被告于2013年5月31日前还清21.9万元后，刘某与张某结束一切非工作关系。之后双方不干涉对方的正常生活。协议内容后刘某另书写称，上述事情都完成之后，双方一刀两断，不再有任何瓜葛。5月13日，被告向原告转账11.9万元，原告出具收据，称收到还款，剩余欠款于2013年

5月31日前还清；5月31日，被告向原告转账10万元，原告出具收据称收到还款。原告在向被告催款期间，曾多次向被告发短信，短信中言辞激烈，且原告亦曾经委托其亲属到被告处催要还款。2014年11月5日，被告向公安部门报警称其自2013年3月至2014年2月遭到原告的敲诈勒索71.9万元。公安部门立案后，以原告涉嫌敲诈勒索移送检察机关审查起诉。2016年2月3日，公安部门作出不起诉决定书，认为犯罪事实不清，证据不足，决定对刘某不起诉。

一审庭审中，原告刘某表示双方的借款关系发生在双方同居期间，借款来源为出售房屋的售房款，并提交了房屋买卖合同及相关票据。

二审庭审中，被告张某提交了其与刘某的表姐甄某的通话记录，证明刘某在收到张某的71.9万元并保证不再干涉张某正常生活后，再次出尔反尔，又威胁张某书写了本次诉讼的10万元欠条，并于3月3日大闹张某办公室后，张某当天与刘某的表姐甄某联系，希望甄某继续劝解刘某，调停纠纷。

【案件焦点】

被告向原告出具的欠条的性质如何认定，能否据此认定双方之间成立民间借贷关系。

【法院裁判要旨】

北京市东城区人民法院经审理认为：根据双方的陈述以及相关证据可知，原、被告发生的欠款往来系发生于双方同居期间。被告向原告出具了欠条，且原告提供了其变卖房产等具备出借能力的证据。据此，本院认定原告与被告之间存在民间借贷法律关系。故对原告要求被告偿还借款的诉讼请求，予以支持。对被告所述其不同意偿还借款的抗辩意见，证据不足，不予考虑。故依据《中华人民共和国合同法》第二百零六条、第二百零七条，《最高人民法院关于审理民间借贷案件适用法律若干问题的规定》第二十九条第二款第一项的规定，判决：

被告张某偿还原告刘某借款10.6万元，并按照年利率6%的标准支付原告上述借款至实际还款日的逾期利息（其中10万元的利息自2014年3月16日起算，6000元的利息自2014年3月7日起算）。

判决作出后，被告张某上诉至北京市第二中级人民法院，北京市第二中级人民法院经审理认为：张某向刘某出具的欠条中明确记载了张某确认的欠款事实及还款承诺内容，现张某以受到刘某逼迫违背真实意愿出具涉案欠条，但本院注意到张某于2014年11月5日向公安部门报警时并未提及受刘某逼迫出具涉案欠条一事，且直至本案诉讼前均未对欠条的效力提出过撤销或变更的请求，因此涉案欠条应为有效。张某现否认欠刘某款项，但仅对刘某是否具有出借能力、款项事实交付提出质疑，张某已提交的录音、视频等证据，并无直接反驳涉案欠条的内容。张某对其主张未能提供证据予以证明，故判决：

驳回上诉，维持原判。

【法官后语】

债权人仅凭借条起诉，人民法院应当根据当事人之间的关系、借款金额、出借人的经济能力、交付方式、交易习惯以及当事人的陈述等相关证据，综合判断借款事实是否发生。

本案的审理焦点是认定原告起诉所依据的欠条的性质，其究竟是被告所述的二者结束婚外同居关系时原告逼迫被告承诺给付的“分手费”，还是双方确有真实借贷发生而产生的债权凭证。

《最高人民法院关于审理民间借贷案件适用法律若干问题的规定》第十四条第四项明确规定违背社会公序良俗的，人民法院应当认定民间借贷无效。本案中，原、被告曾系婚外同居关系，若欠条系分手费性质，则因违背社会公序良俗不应予以保护。原告的直接证据仅有欠条及借条，并无给付凭证，但综合本案中的其他证据来看，原告提交的出售房屋的相关证据可以证明原告的出借能力，且双方此前曾有四次共计71.9万元的还款行为的发生，虽被告以原告敲诈勒索向公安机关报案，但最终检察院认为事实不清、证据不足，作出不起诉决定。而对于被告所称涉案欠条系受原告逼迫所写一节，被告却并未在此前的刑事报案中提及，被告亦未有主动对欠条的效力提出要求确认无效、撤销或变更的请求，显然不合常理；被告提交的录音、录像中亦没有反映出涉案欠条载明的金额系分手费性质的内容，无法对欠条内容进行反驳。故法院最终以被告未能对其主张提供证据为由对被告的意见不予采信，支持了原告的诉讼请求。由此可见，当原、被告双方存在不正当关系解除的情形时，原告仅持有债权凭证起诉的情况下，应从金额、给付能力、给付细节、交易习惯、双方陈述的前后一致性、行为的逻辑合理性等多方面综合分析双方是否存在真实的借贷关系，不宜因证据不足而先入为主地倾向于认定为“分手费”，否则不利于真实债权人权益的保护。

编写人：北京市东城区人民法院 陈春生 古悦

13

分公司的负责人对分公司成立前的借款是否构成公司的债务

——宋某诉抚顺嘉宸房地产开发有限公司、抚顺嘉宸房地产开发有限公司法库分公司民间借贷案

【案件基本信息】

1. 裁判书字号

辽宁省沈阳市中级人民法院（2017）辽01民终10340号民事判决书

2. 案由：民间借贷纠纷

3. 当事人

原告（被上诉人）：宋某

被告（上诉人）：抚顺嘉宸房地产开发有限公司

被告：抚顺嘉宸房地产开发有限公司法库分公司

【基本案情】

被告抚顺嘉宸房地产开发有限公司法库分公司系抚顺嘉宸房地产开发有限公司在法库县的分公司，在法库县开发东方尚城房地产建设项目。该分公司于2013年7月9日注册登记，张某志系该分公司负责人。2017年2月28日该公司负责人由张某志变更为边某臣。该分公司成立前，张某志即在法库县筹备抚顺嘉宸房地产开发有限公司在法库县东方尚城房地产建设项目。2011年10月17日，原告宋某与张某志签订《借款协议》，借款金额为1000000元，约定月利息2%，借款期限从2011年10月17日至2015年10月17日。支付方式：现金方式。用途交纳土地保证金。

2011年10月19日，张某志将1000000元汇入抚顺嘉宸房地产开发有限公司的

账户。2011 年 10 月 20 日，抚顺嘉宸房地产开发有限公司将 2000000 元汇入法库县土地交易中心。

【案件焦点】

张某志的借款是属于个人借款还是公司借款。

【法院裁判要旨】

辽宁省沈阳市法库县人民法院经审理认为：合法的借贷关系受法律保护。原告向人民法院起诉时，应当提供借据、收据、欠条等债权凭证以及其他能够证明借贷法律关系存在的证据。本案中原告宋某与张某志于 2011 年 10 月 17 日签订《借款协议》，双方就借款事宜达成合意。原告按协议约定将借款交给张某志，张某志确认收到该借款。故可以证明双方存在交付借款的事实，形成合法的借贷关系。本案中被告抚顺嘉宸房地产开发有限公司在法库县经营东方尚城房地产开发项目。张某志系抚顺嘉宸房地产开发有限公司在法库县成立的分公司的负责人。从款项的流向来看，原告将借款 1000000 元交给张某志，张某志又将该款项汇入抚顺嘉宸房地产开发有限公司，后抚顺嘉宸房地产开发有限公司又将该款项汇入法库县土地交易中心。从此过程可以看出张某志系代表抚顺嘉宸房地产开发有限公司从原告处借款。抚顺嘉宸房地产开发有限公司为借款的实际使用者。故还款义务应由抚顺嘉宸房地产开发有限公司负担。故被告抚顺嘉宸房地产开发有限公司应遵守诚实信用原则按约定履行还款义务，现被告抚顺嘉宸房地产开发有限公司未按约定履行还款义务，系违约行为，对此应承担民事责任，现原告宋某要求被告抚顺嘉宸房地产开发有限公司偿还借款本金符合法律规定，证据充分，于法有据，本院予以支持。

关于原告要求被告给付利息的诉讼请求，因原、被告在《借款协议》上约定月利息 2% 不违反相关法律规定，本院予以支持。

关于原告要求被告抚顺嘉宸房地产开发有限公司法库分公司承担责任的请求，因借款时该公司未注册登记且借款的实际使用者为抚顺嘉宸房地产开发有限公司。故对原告的该项请求，本院不予支持。

辽宁省沈阳市法库县人民法院依照《中华人民共和国合同法》第二百零六条、第二百零五条，《最高人民法院关于审理民间借贷案件适用法律若干问题的规定》第二条、第二十六条的规定，作出如下判决：

一、被告抚顺嘉宸房地产开发有限公司于本判决生效后十日内返还原告宋某借款本金1000000元；

二、被告抚顺嘉宸房地产开发有限公司于本判决生效后十日内支付原告宋某借款本金1000000元的利息（计息时间自2011年10月17日起至给付完毕之日止，利率按年利率24%计算）；

三、驳回原告宋某要求被告抚顺嘉宸房地产开发有限公司法库分公司返还借款及利息的诉讼请求；

四、驳回原告宋某其他诉讼请求。

抚顺嘉宸房地产开发有限公司不服一审判决提出上诉。

辽宁省沈阳市中级人民法院经审理认为，本案中宋某与张某志于2011年10月17日签订《借款协议》，双方就借款事宜达成合意。宋某按协议约定将借款交给张某志，张某志确认收到该借款。故可以证明双方存在交付借款的事实，形成合法的借贷关系。本案中抚顺嘉宸房地产开发有限公司在法库县经营某房地产开发项目。张某志系抚顺嘉宸房地产开发有限公司在法库县成立的分公司的负责人。从款项的流向来看，宋某将借款1000000元交给张某志，张某志又将该款项汇入抚顺嘉宸房地产开发有限公司，后抚顺嘉宸房地产开发有限公司又该款项汇入法库县土地交易中心。从此过程可以看出张某志系代表抚顺嘉宸房地产开发有限公司从宋某处借款。抚顺嘉宸房地产开发有限公司为借款的实际使用者。故还款义务应由抚顺嘉宸房地产开发有限公司负担。抚顺嘉宸房地产开发有限公司应遵守诚实信用原则按约定履行还款义务，现抚顺嘉宸房地产开发有限公司未按约定履行还款义务，系违约行为，对此应承担民事责任。现宋某要求抚顺嘉宸房地产开发有限公司偿还借款本金符合法律规定，证据充分，于法有据，一审法院予以支持，二审法院认为并无不当。上诉人抚顺嘉宸房地产开发有限公司提出的上诉理由并不充分，证据不足，本院不予支持。

辽宁省沈阳市中级人民法院依照《中华人民共和国民事诉讼法》第一百七十条第一款第一项规定，判决如下：

驳回上诉，维持原判。

【法官后语】

本案中张某志从原告宋某处借款的时间发生在抚顺嘉宸房地产开发有限公司法

库分公司成立前。对于张某志的借款是属于其个人借款，还是代表公司借款，对此原、被告产生分歧。故张某志的借款是属于个人借款还是公司借款就成为本案的焦点之一，也是本案审理过程必须面对的问题。通过审理可以得出如下结论：第一，张某志确实收到宋某的借款；第二，抚顺嘉宸房地产开发有限公司法库分公司系抚顺嘉宸房地产开发有限公司设立的分公司，且张某志为该分公司的负责人；第三，从款项的流向来看，宋某将借款交给张某志，张某志又将该款项汇入抚顺嘉宸房地产开发有限公司，后抚顺嘉宸房地产开发有限公司又将该款项汇入法库县土地交易中心。从此过程可以看出张某志系代表抚顺嘉宸房地产开发有限公司从宋某处借款。抚顺嘉宸房地产开发有限公司系借款的实际使用者。综上，本案的还款义务应由抚顺嘉宸房地产开发有限公司负担。

实践中对于公司负责人的借款是属于个人借款还是公司借款，应结合借款行为是否是代表公司行为、借款的款项流向、借款的用途等多方面综合确定。本案综合以上考虑，最终判决由抚顺嘉宸房地产开发有限公司承担还款义务。

编写人：辽宁省沈阳市法库县人民法院　刘永强

14

个人独资企业转制为有限责任公司后，原个人独资企业债务由谁承担

——杨甲诉杨乙等民间借贷案

【案件基本信息】

1. 裁判书字号

福建省福州市中级人民法院（2017）闽01民终2419号民事判决书

2. 案由：民间借贷纠纷

3. 当事人

原告（被上诉人）：杨甲

被告（上诉人）：石狮豪嘉酒店有限公司、张某启

被告：杨乙、叶某霞、陈某凤

【基本案情】

石狮市豪嘉大酒店系杨乙于2012年8月20日投资开办的个人独资企业。2013年3月29日，杨甲与杨乙、石狮市豪嘉大酒店签订一份《借款合同》，合同中约定金额为100万元，月利率3%，借款期限自2013年3月29日至2013年9月29日。同日，石狮市豪嘉大酒店、杨乙向杨甲出具一份借款金额为100万元的借条（借款人处有杨乙签字以及石狮市豪嘉大酒店公章，在公章处印有杨乙私章）。同日，陈某凤、叶某霞作为保证人又与杨甲签订一份《个人担保合同》，约定陈某凤、叶某霞自愿为上述债务提供连带责任保证。合同签订后，杨甲向杨乙支付100万元。2013年10月29日，杨乙、石狮市豪嘉大酒店与杨甲签订一份《借款合同》，该合同除借款期限变更为自2013年3月29日至2014年4月29日外，其余条款均与2013年3月29日签订的《借款合同》一致。2014年3月13日，石狮市豪嘉大酒店的投资人由杨乙依法变更为张某启，名称仍延用。2014年10月29日，石狮市豪嘉大酒店向石狮市工商行政管理局提出申请报告，载明因企业经营多年，从事酒店服务，规模有所扩大，因发展需要，申请转制为有限责任公司，并请求保留原字号豪嘉，转制后，公司拟申请的名称为：石狮豪嘉酒店有限公司。同年10月30日，石狮市豪嘉大酒店出具《石狮市豪嘉大酒店清算报告》，报告中载明：企业因经营扩大，拟转制为有限责任公司。由投资人张某启决定解散本企业，并开展清算；清算组于2014年9月15日成立，并确定清算组成员张某启，并由其担任清算组负责人等内容。次日，石狮市豪嘉大酒店依法注销，工商内资企业登记情况表中载明“由个人独资企业‘石狮市豪嘉大酒店’转制为公司‘石狮豪嘉酒店有限公司’”，股东发起人为张某启、蔡某坦。2014年12月10日，石狮酒店有限公司的法定代表人由张某启变更为杨乙；2015年7月9日，法定代表人又变更为蔡某民。杨乙、叶某霞于2003年1月28日登记结婚，于2015年3月25日办理离婚登记。借款期限届满后，上述借款本息均未偿还。

【案件焦点】

石狮市豪嘉大酒店由个人独资企业转制为石狮豪嘉酒店有限公司后，原个人独资企业的借款由谁负责偿还。

【法院裁判要旨】

福建省福州市晋安区人民法院经审理认为：关于石狮豪嘉酒店有限公司以及张某启是否对原石狮市豪嘉大酒店在杨乙任投资人期间发生的债务承担清偿责任问题。石狮豪嘉酒店有限公司是由石狮市豪嘉大酒店转制而来，且经营场所及经营项目未改变；转制后的股东发起人张某启是石狮市豪嘉大酒店的投资人；原石狮市豪嘉大酒店的投资人杨乙即本案讼争债务人之一亦在2014年12月至2015年7月之间担任石狮豪嘉酒店有限公司的法定代表人。综上，石狮豪嘉酒店有限公司系由石狮市豪嘉大酒店变更而来，原石狮市豪嘉大酒店的债权债务应由石狮豪嘉酒店有限公司承继。关于张某启的责任承担。对于杨甲而言，与其发生债权债务关系的是石狮市大酒店，根据《中华人民共和国个人独资企业法》第二十八条规定，个人独资企业解散后，原投资人对个人独资企业存续期间的债务仍应承担偿还责任。本案中，张某启申请注销了石狮市豪嘉大酒店，但作为投资人，仍应当按照《中华人民共和国个人独资企业法》第三十一条规定对该酒店的债务承担清偿责任。

福建省福州市晋安区人民法院依照《中华人民共和国个人独资企业法》第二十八条、第三十一条等规定，判决如下：

一、杨乙、叶某霞、石狮豪嘉酒店有限公司于判决生效之日起十日内偿还杨甲借款本金1000000元以及自2013年3月30日起至本金付清之日止，以所欠本金，按照月利率2%标准计算的利息；

二、杨乙、叶某霞、石狮豪嘉酒店有限公司于判决生效之日起十日内向杨甲支付律师代理费25000元；

三、张某启在石狮豪嘉酒店有限公司的财产不足以清偿债务时，以其个人的其他财产予以清偿；

四、陈某凤对上述借款本金及利息、律师代理费承担连带偿还责任；

五、驳回杨甲的其他诉讼请求。

张某启、石狮豪嘉酒店有限公司不服一审判决，提出上诉。福建省福州市中级人民法院经审理认为：根据工商登记资料显示，借款人石狮市豪嘉大酒店于2014年10月31日转制为石狮豪嘉酒店有限公司。虽然石狮豪嘉酒店有限公司以工商登记资料显示石狮市豪嘉大酒店已被注销、石狮豪嘉酒店有限公司系新设立的公司为由，认为二者不存在转制关系，但石狮豪嘉酒店有限公司在二审庭审中确认石狮豪嘉酒店有限公司的字号、经营场所、固定资产等均系沿用了石狮市豪嘉大酒店原有的，而且从《石狮市工商局关于非法人市场主体转制为公司制企业法人登记指导的意见》第二条关于“非法人市场主体转制变更登记的流程参照《非公司企业法人改制变更登记为公司》的规定提交材料。由于省工商局行政管理综合业务监管系统现无法直接进行转制变更登记，暂以设立方式进行，注册方应在登记备注栏予以转制作说明备注”的规定可见，以注销、设立的方式进行转制登记，系因工商局的系统操作技术所限，并不能以此否认转制的事实。石狮豪嘉酒店有限公司由石狮市豪嘉大酒店转制而来，承继了石狮市豪嘉大酒店的全部资产，也应当承继石狮市豪嘉大酒店的本案债务，故石狮豪嘉酒店有限公司应承担本案还款责任。

关于张某启应否承担责任的问题。首先，因石狮市豪嘉大酒店已转制为石狮豪嘉酒店有限公司，其企业性质已变更为独立法人，应以公司全部财产对外承担责任。张某启作为石狮豪嘉酒店有限公司的股东之一，其仅应以认缴的出资额对公司承担责任。其次，判定投资人对个人独资企业的债务承担无限连带责任的法律基础在于个人独资企业不具有法人资格，其财产为投资人个人所有。张某启虽原为石狮市豪嘉大酒店的投资人，但该个人独资企业已转制为公司，其财产已由豪嘉公司承继，即该酒店的财产已不再属于张某启个人所有，因此在这种情形下再判决张某启对本案债务承担无限责任，已丧失法律基础，故张某启不应承担本案还款责任。

福建省福州市中级人民法院依照《中华人民共和国民事诉讼法》第一百七十条第一款第二项规定，作出如下判决：

一、维持福建省福州市晋安区人民法院（2015）晋民初字第4385号民事判决第一、二、四项；

二、撤销福建省福州市晋安区人民法院（2015）晋民初字第4385号民事判决第三、五项；

三、驳回杨甲的一审其他诉讼请求。

【法官后语】

个人独资企业，是指依照本法在中国境内设立，由一个自然人投资，财产为投资人个人所有，投资人以其个人财产对企业债务承担无限责任的经营实体。本案的关键在于确定个人独资企业转制为有限责任公司后，原个人独资企业债务的承担主体问题。因我国法律目前对于这个问题并未出台专门法律规定，导致审判实践中出现分歧。转制前的债务承担主体主要包含两个主体：1. 原投资人。个人独资企业不具有法人资格，其财产为投资人个人所有，因此投资人对个人独资企业的债务承担无限连带责任。但个人独资企业转制为有限责任公司后，其财产由有限责任公司承继，不再属于投资人所有，故投资人对个人独资企业转制前的债务无须承担无限连带责任；2. 转制后的有限责任公司。实践中，转制后的有限责任公司的字号、经营场所、固定资产等基本上都沿用了个人独资企业原有的。因工商局的系统操作技术所限，仅能以注销、设立的方式进行转制登记，并不能以此否认转制的事实。因转制后的有限责任公司承继了原个人独资企业的全部资产，也应当承继原个人独资企业的全部债务。

编写人：福建省福州市晋安区人民法院　赖成宗

15

是否提供担保不影响借款人的身份和责任认定

——张某仪诉厦门翅康工贸有限公司等民间借贷案

【案件基本信息】

1. 裁判书字号

福建省厦门市集美区人民法院（2017）闽0211民初883号民事判决书

2. 案由：民间借贷纠纷

3. 当事人

原告：张某仪

被告：厦门翅康工贸有限公司（以下简称翅康公司）、张某生、余某

【基本案情】

2010年11月25日，被告翅康公司、张某生向原告张某仪借款100000元，并

出具借条一张，载明："今向张某仪先生借人民币壹拾万元整（￥100000.00元），特此借条（借款日期从2010年11月15号至2011年4月15号止）。"翅康公司、张某生分别在借条落款的借款人处盖章、签名，张某生将按有其手印的身份证复印件交由原告留存。借款到期后，经原告张某仪催讨，被告翅康公司、张某生于2012年12月2日在借条下方注明："该款10万未还，借款期延长至2014年12月31号止。"翅康公司在加注字样上加盖公章，张某生在加注字样下方以担保人身份签名捺印。2016年10月21日，原告就本案向本院递交起诉状并同意由本院予以诉前调解。庭审中，张某生陈述其为翅康公司的实际控制人。另查明，张某生与余某于2001年9月28日登记结婚，后于2014年4月8日登记离婚。

【案件焦点】

张某生在本案借款中是借款人还是保证人，张某生应承担何种责任。

【法院裁判要旨】

福建省厦门市集美区人民法院经审理认为：关于本案借条款项是否实际支付的问题。张某仪主张借款已通过现金形式支付；张某生提出本案借条款项通过银行转账支付至翅康公司账户；余某提出借条款项未实际支付。法院认为，张某生自认系翅康公司实际控制人，现张某生提出本案款项通过银行转账支付至翅康公司，根据"谁主张，谁举证"原则，张某生应提供证据予以证明，但张某生未提供证据证明，原告亦不予认可，故法院对张某生的辩解不予采信。张某生对借款支付形式的陈述虽与原告不一致，但其确认原告已实际支付借款，且翅康公司、张某生于2012年12月2日在借条下方注明"该款10万未还"，对逾期还款的事实进行了书面确认，故结合借条记载及原被告当庭陈述，法院认定本案借款已通过现金形式实际支付。

关于张某生在本案借款中是借款人还是保证人，张某生应承担何种责任的问题。原告张某仪主张被告张某生、翅康公司为共同借款人。被告张某生主张其为保证人，借款人是翅康公司。余某认为翅康公司日常生产经营都是张某生负责，张某生是经办人而非借款人。法院认为，根据借条记载，2010年11月25日出具借条时，翅康公司和张某生分别在借条落款的借款人处盖章、签名，张某生与翅康公司为共同借款人。2012年12月2日，经张某仪催讨，张某生在借条下方注明款项未还，并以担保人身份签名担保款项偿还，但张某生是否担保款项偿还并不影响原告张某仪向被告张某生主张其作为借款人所应承担的清偿责任，张某生仍应就本案借款与翊康公司共同承担偿还责任。张某生、余某提出张某生在本案借款中是经办人，根据“谁主张，谁举证”原则，张某生、余某应当提供证据予以证明，但张某生、余某未提供证据证明，且张某生作为完全民事行为能力人，知道或应当知道其作为担保人、见证人或经办人签名与作为借款人签名在法律上承担不同的责任和后果，但张某生出具借条时并未在其姓名前注明自己为经办人，而是在借条落款的借款人处翊康公司名称的下方、借条落款日期的上方签名，其书写格式符合多个债务人共同借款的借条书写格式，可见张某生对其借款人身份明知，故法院对被告张某生、余某的辩解不予采信。

关于本案债务是否为张某生与余某之间的夫妻共同债务的问题。原告张某仪认为本案借款发生于张某生与余某夫妻关系存续期间，属于张某生与余某的夫妻共同债务。被告余某提出其未参与借款的任何环节，既不是借款人也不是担保人，款项未用于张某生与余某的家庭生活，不应认定为夫妻共同债务。法院认为，根据《最高人民法院关于适用〈中华人民共和国婚姻法〉若干问题的解释（二）》第二十四条“债权人就婚姻关系存续期间夫妻一方以个人名义所负债务主张权利的，应当按夫妻共同债务处理。但夫妻一方能够证明债权人与债务人明确约定为个人债务，或者能够证明属于婚姻法第十九条第三款规定情形的除外”以及《中华人民共和国婚姻法》第十九条第三款“夫妻对婚姻关系存续期间所得的财产约定归各自所有的，夫或妻一方对外所负的债务，第三人知道该约定的，以夫或妻一方所有的财产清偿”的规定，本案借款发生于张某生与余某婚姻关系存续期间，余某未举证证明该借款已经明确约定为张某生的个人债务，且未能举证证明存在《中华人民共和国婚姻法》第十九条第三款的情形，故该笔借款应按照张某生与余某的夫妻共同债务处理，应由余某对本案借款本息承担共同偿还责任。

综上，法院认为，本案借条足以确认张某仪与翊康公司、张某生之间存在民间借贷关系，系双方当事人真实意思表示，内容亦不违反法律、行政法规的强制性规定，本案民间借贷关系合法有效。原告张某仪依约提供了借款，被告翊康公司、张某生负有按期还款义务。借条约定借款期限延长至 2014 年 12 月 31 日止，但翊康公司、张某生至今未偿还借款，现张某仪主张翊康公司、张某生偿还借款本金 100000 元，于法有据，予以支持。关于利息诉讼请求，根据《最高人民法院关于审理民间借贷案件适用法律若干问题的规定》第二十九条的规定："借贷双方对逾期利率有约定的，从其约定，但以不超过年利率24%为限。未约定逾期利率或者约定不明的，人民法院可以区分不同情况处理：（一）既未约定借期内的利率，也未约定逾期利率，出借人主张借款人自逾期还款之日起按照年利率6%支付资金占用期间利息的，人民法院应予支持；（二）约定了借期内的利率但未约定逾期利率，出借人主张借款人自逾期还款之日起按照借期内的利率支付资金占用期间利息的，人民法院应予支持。"本案借贷双方未约定借款利率，也未约定逾期利率，原告张某仪主张利息以借款本金100000元为基数，自逾期还款之日即2015年1月1日起按年利率5.5%支付至实际还款之日止，系原告对自身权益的合法处分，法院予以确认。如前所述，本案借款属于张某生与余某的夫妻共同债务，原告张某仪主张被告余某对借款本息承担清偿责任的诉讼请求于法有据，法院予以支持。

福建省厦门市集美区人民法院依照《中华人民共和国合同法》第九十条、第一百零八条、第二百零六条、第二百零七条，《中华人民共和国婚姻法》第十九条第三款，《最高人民法院关于适用〈中华人民共和国婚姻法〉若干问题的解释（一）》第十八条，《最高人民法院关于适用〈中华人民共和国婚姻法〉若干问题的解释（二）》第二十四条第一款，《最高人民法院关于审理民间借贷案件适用法律若干问题的规定》第二十九条，《中华人民共和国民事诉讼法》第六十四条第一款、第一百四十四条，《最高人民法院关于适用〈中华人民共和国民事诉讼法〉的解释》第九十条，判决：

一、被告厦门翅康工贸有限公司、张某生、余某应于本判决生效之日起十日内共同偿还原告张某仪借款本金100000元及利息（利息以100000元为基数、按年利率5.5%自2015年1月1日起计至实际偿还之日止）；

二、被告厦门翅康工贸有限公司、张某生、余某应于本判决生效之日起十日内共同偿还原告张某仪公告费500元。

【法官后语】

民法设立保证期间的立法意义在于保障债权实现的同时，促使债权人及时行使对保证人的权利，以平衡债权人和保证人之间的利益。保证期间经过即构成债权人请求保证人承担保证责任的担保权利消灭的法律后果。本案民间借贷纠纷中，借款人经催讨借款后在借条下方注明款项未还，并以担保人身份落款，因保证期间的立法限制，其身份是借款人还是担保人，直接影响对借款本息是否承担偿还责任的认定。

根据本案借条记载，出具借条当日，翅康公司和张某生分别在借条落款的借款人处盖章、签名，符合多个借款人共同落款的借条书写格式，依法应当认定张某生与翅康公司为共同借款人。经原告催讨后，借款人张某生在借条下方注明款项未还，并以担保人身份签名担保款项偿还，并不影响原告向被告张某生主张其作为借款人所应承担的清偿责任，张某生仍应就本案借款与翅康公司共同承担偿还责任。张某生作为完全民事行为能力人，知道或应当知道其作为担保人、见证人或经办人签名与作为借款人签名在法律上承担不同的责任和后果，但张某生出具借条时并未在其姓名前注明自己为经办人，而是在借条落款的借款人处翅康公司名称的下方签名，可见张某生对其借款人身份明知，故法院认定张某生仍应对借款承担偿还责任。

编写人：福建省厦门市集美区人民法院　王悦

16

未书面约定利息的借款能否推定有息

——李某宇诉邓某华民间借贷案

【案件基本信息】

1. 裁判书字号

广西壮族自治区贵港市中级人民法院（2017）桂08民终567号民事判决书

2. 案由：民间借贷纠纷

3. 当事人

原告（被上诉人）：李某宇

被告（上诉人）：邓某华

【基本案情】

原告李某宇与被告邓某华是朋友关系。2011年至2013年期间，被告邓某华因经商急需资金周转，分多次共向原告李某宇借款700000元，原告通过银行转账的方式将上述借款支付给被告，被告于2013年6月15将上述借款合成一笔立写了一张借条给原告收执，借条载明：今借到李某宇人民币柒拾万元整（￥700000元）。该借条未载明借款期限和借款利息，借条"借款人"落款处有被告邓某华签名、捺指印。原告诉称，借款发生后，被告于2015年6月30日向原告还款350000元，至今尚欠原告借款350000元未还。经原告多次追讨未果，遂诉至法院，请求法院判决：被告邓某华偿还原告李某宇借款350000元并承担本案受理费。

被告邓某华辩称，上述借款被告通过工商银行和中国银行向原告以及其妻子张某莲银行账户大约20多次偿还了本案借款700000元。据此，原、被告之间的债权债务关系已经消除，请求法院驳回原告的诉讼请求。

经查明，立写借条后，被告邓某华于2013年8月16日、2013年9月16日、2013年10月15日、2013年12月1日、2013年12月22日、2014年1月17日、2014年3月5日、2014年3月26日、2014年4月18日共九次向原告支付共计157500元，每月支付17500元；后被告又于2014年6月18日向原告支付10000元，于2014年7月26日向原告支付15500元，于2014年7月31日向原告支付2000元，于2014年7月26日向原告支付15500元，于2014年11月1日向原告支付20000元，于2015年1月14日向原告支付5000元，于2015年2月9日向原告支付32750元，于2015年7月7日向原告支付40000元。另外，2014年8月7日及2015年春节前，被告分别向原告归还借款本金250000元、100000元，共计350000元。上述款项被告均是通过银行汇至原告妻子张某莲的银行账户。

庭审中，原告主张原、被告对于本案借款700000元口头约定月利率为2.5%，则被告除在2014年8月7日及2015年春节前分别向原告归还借款本金250000元、100000元共计350000元外，被告所支付的其他款项均为利息。而被告则主张，因原、被告没有在借条上约定有利息，故被告从2013年至2015年期间向原告支付的全部款项共计632750元均为向原告归还借款本金。

【案件焦点】

原告李某宇与被告邓某华之间的借款是否约定了利息。

【法院裁判要旨】

广西壮族自治区贵港市港北区人民法院经审理认为：合法的借贷关系受法律保护。被告邓某华分多次共向原告李某宇借到本案借款700000元，有被告立写给原告收执的借条为凭，且被告对借款事实无异议，本院予以确认。

关于本案借款是否为有息借贷的问题。本案借条未书面约定利息，但结合本案具体案情，本院认为本案700000元借款应属有息借贷，理由如下：首先，借贷双方是朋友关系，而非关系十分密切的近亲属，而被告借款用途是经营生意资金周转，且并非小数目，从人情常理和商业习惯看，本案借款属无息借贷的可能性不大。其次，被告从2014年8月至2014年4月期间，每月均向原告转账偿还17500元，而双方并未约定此种分期还款方式，被告的还款规律符合民间借贷付息习惯。另外，从被告每月向原告偿还的款项金额看，与原告主张以借款本金700000元为基数按月利率2.5%计算所得的月息数额一致，故原告主张本案借款双方口头约定按月利率2.5%计息，具有高度盖然性。综上，根据日常生活经验和民间借贷交易习惯，结合本案具体案情，本院认为原告关于双方口头约定本案借款按月利率2.5%计息的主张，应当得以成立，且该利息约定并不超出《最高人民法院关于审理民间借贷案件适用法律若干问题的规定》第二十六条第一款的规定，应受法律保护。

关于被告尚欠原告借款本金的问题，原告自认被告于2014年8月7日及2015年春节前分别向其归还借款本金250000元、100000元共计350000元，故被告从2013年6月15日至本案起诉之日，其所向原告支付的利息共计为282750元（632750元－350000元），经本院计算，以700000元为基数，从2013年6月15日计至2014年8月7日，按月利率2.5%计算的利息约为244417元；2014年8月7日被告归还了250000元借款本金后，再以450000元为基数，从2014年8月8日计至2015年2月19日（春节），按月利率2.5%计算的利息约为73500元；2015年2月19日（春节）归还了100000元借款本金后，再以350000元为基数，从2015年2月20日计至本案起诉之日即2016年9月12日，按月利率2.5%计算的利息约为166541元，上述利息共计为484458元。据此，被告向原告所支付的利息并未超出原、被告对于利息的约定。综上，被告尚欠原告借款本金为350000元。现原告诉请被告偿还其借款本金350000元，符合法律规定，本院予以支持。

综上，广西壮族自治区贵港市港北区人民法院依照《中华人民共和国民法通则》第九十条、第一百零八条，《中华人民共和国合同法》第二百零六条，《最高人民法院关于审理民间借贷案件适用法律若干问题的规定》第二十六条第一款的规定，作出如下判决：

一、被告邓某华偿还原告李某宇借款本金350000元；

二、本案受理费6550元，适用简易程序审理减半收取3275元，由被告邓某华负担。

本案判决后，被告邓某华不服本案判决提起了上诉，二审法院经审理，确认一审法院认定的事实和证据，并认为本案认定事实清楚，适用法律正确，判决适当，维持了原判。

【法官后语】

本案争议的焦点是原告李某宇与被告邓某华之间的借款是否约定了利息。

1. 自然人之间借款对利息没有约定的，原则上不支持利息。根据《中华人民共和国合同法》第二百一十一条的规定，自然人的之间的借款合同对支付利息没有约定或者约定不明确的，视为不支付利息。《最高人民法院关于审理民间借贷案件适用法律若干问题的规定》第二十五条规定，自然人之间借贷对利息约定不明，出借人主张支付利息的，人民法院不予支持。因此，原则上，民间借贷纠纷中自然人之间未约定利息的，视为无息借款，法院对当事人支付利息的诉请不予支持。

2. 本案中，银行历史交易明细清单的记录与原告所主张的借款利息相吻合，可以印证出借人与借款人之间存在关于利息的口头约定。自然人之间的借款合同对于支付利息的约定，既可以采取书面形式也可以采取口头形式，本案中，虽然原告提供的借条上并未对借款利息作出约定，但原告主张双方口头约定了借款利息且已实际履行，原告提供的银行历史交易明细清单亦可以证明本案借款被告曾连续有规律地支付利息。且从人情常理和商业习惯上来分析，原、被告之间仅是朋友关系，并无深交，原告不可能将资金无息交给被告使用。故对于原、被告未进行书面约定利息的借款，法院可以根据日常生活经验和民间借贷交易习惯，结合案件具体案情确认双方存在利息约定。

通过本案可知，《合同法》明确规定对于借款利息没有约定或约定不明的，则推定借款为无息利息。一旦发生争议，出借人如无证据证明将处于极其不利的地位，出借人最好将借款利率写入借款合同。若借条未约定利息，双方又口头有约定利息的话，尽量保存双方之间关于借款利息约定的手机短信、网上聊天记录、通话录音等证据材料，以免在诉讼中因无法举证证明存在利息约定而导致利息请求不被法院支持。

编写人：广西壮族自治区贵港市港北区人民法院　陈拥静

17

夫妻一方以虚假材料办理共有房屋抵押登记对外借款的效力认定

——谷某雨诉田某峰、贺某民间借贷案

【案件基本信息】

1. 裁判书字号

北京市丰台区人民法院（2015）丰民（商）初字第9389号民事判决书

2. 案由：民间借贷纠纷

3. 当事人

原告：谷某雨

被告：田某峰、贺某

【基本案情】

2014年7月14日，谷某雨与田某峰签订《借款协议》一份，载明："出借人：谷某雨，女，一九八六年二月十日出生。公民身份号码：22010519860210××××。借款

人：田某峰，男，一九七七年七月十三日出生，公民身份证号码：37092219770713××××。田某峰向谷某雨借款人民币壹佰叁拾万元整，现经双方协商，自愿达成协议如下：田某峰向谷某雨借款人民币壹佰叁拾万元整，划款方式为银行转账；借款期限为三个月：自二〇一四年七月十四日起至二〇一四年十月十三日偿还；借款利息为中国人民银行公布的金融机构同期、同档次贷款利率（不含浮动）的四倍；借款人逾期未偿还债务的，每逾期一日按借款金额的万分之五向出借人支付违约金；借款人田某峰同意以其名下的北京市昌平区东小口镇华龙苑北里6号楼3单元×号（房屋所有权证号码：京房权证昌私移字第253×××号）作为上述借款的抵押担保，上述房产系田某峰个人财产……”谷某雨与田某峰共同向北京市国立公证处申请办理上述《借款协议》公证并赋予该协议强制执行效力，北京市国立公证处受理并出具了（2014）京国立内证字第6723号《公证书》。《公证书》中记载田某峰向北京市国立公证处提交了身份证、户口簿、离婚证、离婚协议、房屋所有权证等证明材料。同日，田某峰向谷某雨出具《收条》一份，载明：“田某峰从谷某雨处借款人民币（大写）壹佰叁拾万元整；（小写）1300000元。现本人收到上述借款款项人民币1300000元。上述借款款项本人已经全部收妥。特此证明。”2014年7月15日，谷某雨委托怀某通过中国工商银行账户转账支付田某峰人民币1300000元。借款合同签订之后，田某峰以其名下的位于北京市昌平区东小口镇华龙苑北里6号楼3单元×号房屋为上述借款设定了抵押登记，抵押权人为谷某雨。2015年4月22日，贺某向北京市国立公证处提出申请撤销（2014）京国立内证字第6723号《公证书》，称自己与田某峰系夫妻关系，现已向法院提起离婚诉讼且法院已受理，田某峰申请办理公证时提交的《离婚证》《离婚协议》《无婚姻登记记录证明》均系伪造与事实不符，上述公证涉及夫妻共有的房屋。北京市国立公证处经过核实，贺某陈述属实，故作出撤销（2014）京国立内证字第6723号《公证书》之决定。

另查，贺某与田某峰于2004年7月23日办理结婚登记手续，贺某于2015年1月30日向北京市昌平区人民法院起诉离婚，2015年12月14日经法院判决离婚，双方均未上诉。

【案件焦点】

1. 贺某对田某峰向谷某雨所负债务应否承担共同还款责任；2. 夫妻一方用虚假材料以婚后共同所有的房产办理抵押登记，债权人的抵押权如何实现。

【法院裁判要旨】

北京市丰台区人民法院经审理认为：一是本案债务是否属于夫妻共同债务，二是房屋抵押登记是否有效。当事人对自己提出的诉讼请求所依据的事实或者反驳对方诉讼请求所依据的事实有责任提供证据加以证明，否则应承担不利的法律后果。谷某雨与田某峰签订借款协议是双方的真实意思表示，不违反国家法律强制性规定，双方当事人之间已形成合法有效的借款法律关系，且谷某雨依照合同约定履行了给付出借款项的义务。关于本案是否属于夫妻共同债务，首先，结合田某峰故意隐瞒婚姻状况向谷某雨借款以及办理房屋抵押登记的事实，应认定对于借款一事贺某并不知情；其次，谷某雨自称相信田某峰借款时已经解除婚姻关系，借款是田某峰单方作出的意思表示，且未提供证据证明借款实际用于田某峰、贺某家庭共同生活的支出。故本案借款宜认定为田某峰个人债务，对谷某雨要求贺某承担共同还款责任的诉讼请求，本院不予支持。故对谷某雨要求田某峰归还借款本金 130 万元的诉讼请求，本院予以支持。谷某雨要求田某峰支付利息及违约金的诉讼请求，因利息及违约金的总和超过国家法律规定的利率上限，本院予以调整为银行同期贷款利率的四倍。关于房屋抵押登记的效力，由于田某峰与贺某对于涉案房屋未约定各自占有的份额，应视为双方各占有 50% 的份额。首先，涉案房屋是田某峰、贺某的夫妻共同财产，田某峰有权就其享有的房屋份额自愿设立抵押物权；其次，田某峰、贺某称谷某雨明知田某峰办理抵押登记提供的是虚假的证明材料，但并未提供证据证明谷某雨在登记过程中存在过失，故谷某雨对于抵押房产中属田某峰所有的部分构成不动产抵押权的善意取得，并就涉案房屋中田某峰所有的部分享有优先受偿权。

北京市丰台区人民法院依照《中华人民共和国合同法》第二百零五条、第二百零六条、第二百零七条、第二百一十一条，《中华人民共和国担保法》第三十四条之规定，判决如下：

一、被告田某峰于本判决生效之日起十日内偿还原告谷某雨借款本金 130 万元；

二、被告田某峰于本判决生效之日起十日内给付原告谷某雨借款利息（以 130 万元为基数，按照中国人民银行同期贷款利率的四倍支付自 2014 年 7 月 15 日始计算至付清之日止）；

三、如被告田某峰未按照本判决履行上述给付金钱义务，原告谷某雨有权以北京市昌平区东小口镇华龙苑北里 6 号楼 5 层 3 单元 × 号抵押房产中属田某峰所有的部分（50% 份额）折价或拍卖、变卖后所得价款，对上述第一、二项还款及本案诉讼费优先受偿；

四、驳回原告谷某雨的其他诉讼请求。

【法官后语】

随着我们经济的快速发展，个人资金需求日益增长，个人之间发生的民间借贷纠纷呈多发态势。在民间借贷纠纷中，出借人为了最大程度保护自身利益，尽快收回借款，往往会把借款人夫妻双方都列为被告。在这种情况下，正确查明事实，区分配偶一方的个人债务还是夫妻共同债务，从而实现对出借人和未借款配偶的“双保护”，就对法院的审判工作提出了更高的要求。本案处理重点主要在于借款合同法律关系与抵押物权交叉存在的情况下，如何实现对各方当事人权益的合理保护。我国《物权法》第七条规定：“物权的取得和行使，应当遵守法律，尊重社会公德，不得损害公共利益和他人合法权益。”

具体到本案中，针对夫妻的共同借款需具备借款合意或者借款用于家庭日常生活支出这两项标准逐一进行分析。田某峰在与贺某夫妻关系存续期间向谷某雨借款，并且以伪造的《离婚证》《离婚协议》《无婚姻登记记录证明》等虚假材料为婚后共同所有的房产办理了抵押登记。法院经审理后认为，田某峰伪造离婚材料的行为，排除了借款出自夫妻共同的意思表示的可能，并且客观上使出借人谷某雨有理由相信借款是田某峰个人的意思表示，同时双方当事人均不能提供借款实际用于家庭共同支出的证据，因此本案借款宜认定为田某峰个人的债务，对于谷某雨要求贺某承担共同还款责任的诉讼请求，本院不予支持。

另外，在本案中还涉及夫妻共同财产被配偶一方做了抵押登记的效力问题。根据我国相关法律规定，在婚后财产份额未作明确约定的情况下，视为共同共有，夫妻双方各占一半的份额。虽然田某峰提供了虚假的登记材料，但是抵押登记并不当然全部无效，对于其有权处分的财产份额设立抵押登记仍然合法有效。因此，法院判决对于田某峰有权享有的房屋份额，出借人仍然享有抵押物权。对于并非共同借款人的贺某来说，则无须承担抵押担保责任，较好地平衡了各方利益。

值得注意的是，在多种法律关系交叉存在的情况下，如何妥善解决各方当事人的合法权益至关重要，本案中法院既保障了出借人的债权，亦维护了房屋共有人的所有权，同时考虑到本案被告接下来可能会出现的离婚后财产分割问题。在作出判决后，当事人均服从判决未提出上诉。

编写人：北京市丰台区人民法院　刘芳

18

重审中提出诉讼时效抗辩应否支持及债务加入与债务转移的区分

——钟某志诉陈某容民间借贷案

【案件基本信息】

1. 判决书字号

湖南省衡阳市中级人民法院（2016）湘04民终字第1621号民事判决书

2. 案由：民间借贷纠纷

3. 当事人

原告（被上诉人）：钟某志

被告（上诉人）：陈某容

【基本案情】

原、被告曾是较好朋友，第三人李某云因在茶陵县办有一冶炼厂，与被告有业务往来，关系较好。2006年，第三人李某云需融资100万元而找到被告陈某容，被告即将此事告知原告钟某志，原告基于对被告的信任同意借款给陈某容。2006年

11月8日，钟某志、陈某容、李某云三方一起就借款事项进行协商，约定借款100万元，月利息5万元，借期1个月。陈某容向钟某志出具“今借到钟某志人民币壹佰零伍万元整（1050000元），借期壹个月，陈某容。2006年11月8日”的借据。李某云向陈某容出具“今借到陈某容现金壹佰零伍万元整（1050000元），借期一个月还清。茶陵吉祥有色金属公司借款人李某云。2006年11月8日”的借据，李某云并在借据上注明了自己的身份证号、手机号及信用社存折号。该二张借条均在同一纸上出具，并由原告保存。次日，原告钟某志转账100万元至李某云的信用社账户上。嗣后，李某云并未按约偿还借款，原、被告到李某云处催收时，李某云付给原告10万元利息。2006年12月14日，李某云在其出具的借条下方承诺“此借款延期到2007年1月8日前还清”，但李某云仍未履约。2008年10月8日，李某云又向钟某志出具“2006年9月份借钟某志现金壹佰万元整到现在加利息壹佰万元，共计币贰佰万元整（2000000元）。此款分期分批还，在2009年10月还清。在2008年10月付壹拾万，11月还壹拾万，2月还贰拾万元整。2009年元月份开始每月还壹拾捌万元”的条子。同年10月20日，原告以上述两份借条向本院松柏法庭起诉陈某容和李某云，要求两人连带偿还借款，后因原告未交纳诉讼费而按自动撤诉处理。

【案件焦点】

1. 陈某容在原一审时未提出诉讼时效抗辩，发回重审中提出诉讼时效抗辩法院是否应当支持；2. 如何认定2008年10月8日李某云向钟某志出具的条子的性质，是构成债务转移还是债务加入。

【法院裁判要旨】

湖南省常宁市人民法院经审理认为：被告在一审时针对原告主张的债权进行了实体上的答辩，在二审时被告没有提出诉讼时效抗辩，视为放弃诉讼时效抗辩权，被告在重审中提出诉讼时效抗辩，应不予支持。钟某志、陈某容、李某云三方在协议借款时，实际上形成了二种借贷关系，即钟某志借款给陈某容，陈某容再转借给李某云。在之后的履约过程中，因李某云未按约还款，钟某志即多次向陈某容催收或和陈某容一起向李某云催收，也直接向李某云催收过，李某云直接支付了10万元利息给钟某志，其行为符合第三人代为履行的情形。《中华人民共和国合同法》

第八十四条规定：债务人将合同的义务全部或部分转移给第三人的，应当经债权人同意。本案中，陈某容没有直接证据证实钟某志同意将陈某容应承担的还款责任转移给第三人李某云，也没有证据证实钟某志同意免除陈某容的还款责任，反而陈某容出具给钟某志的借条一直由钟某志收执。李某云出具给钟某志的条子，并非一种新的借款，该条子是基于2006年11月8日的那笔借款而出具的，无债权人明示同意免除被告陈某容的清偿责任，仅构成债务加入，而非债务转移，故李某云、陈某容应共同承担连带清偿责任。

湖南省常宁市人民法院依照《中华人民共和国合同法》第八条、第一百零七条、第二百零七条，《中华人民共和国民法通则》第九十条、第一百零八条，《最高人民法院关于贯彻执行〈中华人民共和国民法通则〉若干问题的意见（试行）》第一百二十五条及《中华人民共和国民事诉讼法》第一百四十四条之规定，作出如下判决：

被告陈某容及第三人李某云在本判决生效后三十日内共同偿还原告钟某志的借款本金100万元及自2006年12月9日至2015年1月22日止按银行同期贷款利率的利息（应减去已付利息10万元）。

被告陈某容持原审意见提出上诉。湖南省衡阳市中级人民法院审理认为，陈某容在一审针对钟某志主张的债权进行了实体上的答辩，并没有提出诉讼时效抗辩，本案发回重审期间，只是依法按照一审程序另行组成合议庭进行审理，并不属于新的诉讼，原审对上诉人提出的诉讼时效抗辩不予支持符合法律规定。2006年11月8日，钟某志、陈某容、李某云三人在商议借款事宜时，钟某志虽然知道实际用款人是李某云，但明确出于对陈某容的信任，只愿意借给陈某容，由陈某容再转借给李某云，故当时三人之间出具了二张借条，形成了二种借贷关系，即钟某志借给陈某容，由陈某容向钟某志出具借条，陈某容再转借给李某云，由李某云向陈某容出具借条，三方均明确知道钟某志这笔100万元债权的借款人及实际用款人。而在之后的履约过程中，因实际用款人李某云未按约还款，以致钟某志的债权没有按约实现。钟某志即多次向上诉人催收或和上诉人一起向李某云催收，也直接向李某云催收过，李某云直接支付了10万元利息给钟某志，李某云的还款行为系第三人清偿，在此情形下，上诉人作为借款人应当与第三人承担连带清偿责任。2008年10月8日，李某云出具给钟某志的条子是基于2006年11月8日的那笔借款而出具的，不能与那两张借条割裂开来。被上诉人收执李某云的条子，但又没有将上诉人陈某容的借条退给上诉人，说明被上诉人仅同意李某云作为第三人加入债的关系与原债务人陈某容共同偿还债务，被上诉人没有明确表示同意免除陈某容的清偿责任，仅构成债务加入，不构成债务转移。综上，上诉人陈某容的上诉理由均不成立。原审判决认定事实清楚，适用法律正确，应当予以维持。

湖南省衡阳市中级人民法院依照《中华人民共和国民事诉讼法》第一百四十四条、第一百七十条第一款第一项、第一百七十四条规定，作出如下判决：

驳回上诉，维持原判。

【法官后语】

本案涉及两个争议焦点的认定：1. 陈某容在原审、二审阶段未提出诉讼时效抗辩，重审阶段提出诉讼时效抗辩，法院应否支持？我国法律对于当事人在审理阶段的举证期限、答辩期限、提出诉讼时效抗辩等期限都作出了很明确的规定，如果未在法定期限内行使权利，视为对自己诉讼权利的放弃。这种立法规定不仅符合法律公平公正的立法精神，而且也方便当事人行使自己的诉讼权利，试想如果在案件审理阶段当事人可以"随时提出"答辩、抗辩意见等，那么整个案件审理将会陷入不稳定状态，也容易造成司法资源的极大浪费。另外，发回重审并非完全独立的审判程序，它依赖于原审诉讼程序，是原审诉讼过程的延续，它与一、二审的诉讼过程共同构成了完整的诉讼程序。我国《最高人民法院关于审理民事案件适用诉讼时效制度若干问题的规定》第四条规定，"当事人在一审期间未提出诉讼时效抗辩，在二审期间提出的，人民法院不予支持，但其基于新的证据能够证明对方当事人的请求权已过诉讼时效期间的情形除外"。笔者认为，对于"一审期间"应当适用限缩解释，发回重审虽然适用第一审程序重新组成合议庭审理，重新编排案号，但是它不是全新独立的审判程序，而是原一、二审诉讼程序的延续，并共同构成案件完整的审理过程。本案被告在原一审中未提出超过诉讼时效抗辩，而且针对原告主张的债权进行了实体上的答辩，由此可以看出，被告对原告超过诉讼时效的起诉是认可的。被告在一审期间不提出诉讼时效抗辩，应视为对诉讼时效利益的放弃、对原债权债务关系的承认。基于上述理由，对该案被二审法院发回重审后，被告提出超过诉讼时效问题，法院应不予支持。

2. 2008 年 10 月 8 日李某云向钟某志出具的条子的性质，是构成债务加入还是债务转移？我国现行法律中对债务加入没有进行明确规定，根据理论界对债务加入概念的通说，结合司法实践经验，债务加入的法律特征包括：（1）原债务人与债权人的合同关系仍然存在，原债务人没有脱离原债务关系。（2）第三人与债权人订立代债务人还款的协议，债务人可以不参加协议的订立，协议内容不涉及债务人是否免除还款责任。（3）第三人与债务人一般具有关联关系。（4）债务为可转移债务，如果法律规定或当事人约定不得转让或具有人身专属性质的债务，当事人不能协议转让，第三人也不能加入。从本案案情来分析，2006 年的两张借条实际形成了两种借贷关系，原告借款给被告，被告再转借给第三人。2008 年第三人向原告出具了书面还款承诺，原告收执第三人的还款承诺书，但又没有将被告的借条退还给被告，原告并没有明确表示同意免除被告的清偿责任，被告并未脱离债务关系而是与第三人为连带债务人，所以仅构成债务加入，不构成债务转移。

编写人：湖南省常宁市人民法院　尹兰兰

19

私刻（伪造）公章行为的法律效力

——厦门市兴华成工贸有限公司诉德化县物资公司、徐某斌民间借贷案

【案件基本信息】

1. 裁判书字号

福建省厦门市中级人民法院（2017）闽 02 民终 1554 号民事判决书

2. 案由：民间借贷纠纷

3. 当事人

原告（被上诉人）：厦门市兴华成工贸有限公司（以下简称兴华成公司）

被告（上诉人）：德化县物资公司（以下简称物资公司）

被告：徐某斌

【基本案情】

2008年5月8日，兴华成公司向物资公司转账50万元，注明“往来款”。2010年5月9日，兴华成公司与物资公司签订一份《借款合同》，约定在原合同的基础上，物资公司向兴华成公司的借款50万元延期两年，借款月利率2.5%，逾期按月利率2.5%计。后双方分别于2011年5月9日、2012年5月9日两次续签借款合同，将借款期限延至2014年5月9日。

2010年6月7日，兴华成公司与物资公司签订一份《借款合同》，约定兴华成公司分别于2010年6月7日、6月29日向物资公司电汇40万元及60万元，物资公司向兴华成公司借款共计100万元；计息日期为2010年6月7日起，利息按月利率2.5%计；借款期限自2010年6月7日至2011年6月7日。2010年6月7日、6月29日，兴华成公司分别向物资公司电汇40万元、60万元。双方又分别于2011年6月7日、2012年6月7日两次续签借款合同，将借款期限延至2014年6月7日。

以上六份《借款合同》，徐某斌均作为担保方签名，承诺为借款提供连带责任担保，担保期限至借款人付清全额本金及利息时止。其中，2010年5月9日、2011年5月9日、2010年6月7日、2011年6月7日的四份《借款合同》上加盖“德化县物资公司合同专用章”；2012年5月9日、2012年6月7日的两份《借款合同》上加盖“德化县物资公司”公章。除2010年5月9日的《借款合同》外，其余《借款合同》均由徐某斌代表物资公司签字。

福建历思司法鉴定所对六份《借款合同》上加盖的“德化县物资公司合同专用章”、单位行政章的同一性进行鉴定，作出鉴定意见如下：1. 兴华成公司提供的六份《借款合同》上加盖的“德化县物资公司合同专用章”与《承诺保证函》《众达产品代销合同》上加盖的“德化县物资公司合同专用章”是同一枚印章所盖印；2. 六份《借款合同》中加盖的“德化县物资公司合同专用章”、单位行政章与物资公司所提供的样本上的合同章、行政章不是出自同一枚印章所盖印。

【案件焦点】

公司管理人员私刻公章，以公司名义与他人签订合同，该公司是否要承担责任。

【法院裁判要旨】

福建省厦门市思明区人民法院经审理认为：加盖“德化县物资公司合同专用

章”的四份《借款合同》经鉴定，与物资公司提供的合同专用章不符，但却与《承诺保证函》《众达产品代销合同》《协议书》上所加盖的合同专用章系出自同一枚印章所盖。物资公司确认该合同专用章系徐某斌在承包其下属金属材料经营部期间私自刻制，故能由此证明徐某斌确实多次使用该合同专用章以物资公司的名义从事一系列经营活动。则兴华成公司依据上述事实，对《借款合同》上加盖的“德化县物资公司合同专用章”形成合理信赖，其合理信赖利益应受到保护。且在实际履行过程中，讼争的150万元确实系由兴华成公司转至物资公司的账户，物资公司称该款项已抵作徐某斌承包金属材料经营部的承包款缺乏相应的证据加以证明，且即使该款项已抵作承包款，亦应认定是物资公司与徐某斌内部之间对该款项的使用，不能对抗第三人。则应当认定，讼争《借款合同》直接约束被告物资公司，物资公司是150万元的借款人。现物资公司缺乏证据证明其已还款，理应承担违约责任，偿还兴华成公司借款本金150万元，并支付相应的利息、财产保全费。徐某斌作为上述债务的连带责任保证人，理应对上述债务承担连带清偿责任，并有权在承担保证责任后，向物资公司追偿。

福建省厦门市思明区人民法院依据《中华人民共和国合同法》第一百零七条、第二百零六条、第二百零七条，《中华人民共和国担保法》第十八条、第三十一条之规定，作出如下判决：

一、被告德化县物资公司应于本判决生效之日起十日内偿还原告厦门市兴华成工贸有限公司借款本金150万元，并支付利息（其中本金50万元自2008年5月9日起计，本金40万元自2010年6月7日起计，本金60万元自2010年6月29日起计，均按月息2%计至实际还款之日止）；同时支付财产保全费5000元。

二、被告徐某斌应对上述债务承担连带清偿责任，并有权在承担保证责任后，向被告德化县物资公司追偿。

物资公司不服一审判决，提出上诉。福建省厦门市中级人民法院经审理，同意一审法院裁判意见，依照《中华人民共和国民事诉讼法》第一百七十条第一款第一项规定，作出如下判决：

驳回上诉，维持原判。

【法官后语】

本案的核心争议点即“公司管理人员私刻公章，以公司名义与他人签订借款合同，该公司是否要承担责任?”欲对该争议焦点作答，应先从前述签订借款合同的法律效力开始谈起。

一、是否可以以“伪造公章”属于法律禁止之事项为由认定以伪造之公章所签订的合同为无效合同

关于企业印章不得被伪造，以及伪造的企业印章不得被使用的禁止性规范，在《治安管理处罚法》和《刑法》中均有严格的明文规定。既然如此，对于本案讼争的借款合同，是否可依据上述法律的强制性规范，认定其为违反法律强制性规定的无效合同呢。考察《合同法》之文义，仅当合同之债中的给付行为违反法律强制性规定时，才得被认定为无效法律行为。本案徐某斌虽然涉嫌伪造公章罪已被监视居住，但该刑事案件主要针对的是徐某斌伪造公章的行为，且伪造公章的行为发生在借款合同订立之前，而非合同行为的组成部分。因此，尽管伪造公章系违法行为，但不可当然推论徐某斌以伪造的公章订立的借款合同存在违法情形。除非出借人兴华成公司对此伪造公章的行为是知道，存在与徐某斌恶意串通损害物资公司的情形，否则，该借贷行为就应属于国家法律允许之事项，不构成对强制性规定的违反，不应依《合同法》第五十二条第（五）项之规定认定借款合同无效。

二、物资公司是否应承担《借款合同》中的还款责任

公司的印章本应具有唯一性。但实践中，有些公司的公章并不唯一，如本案物资公司，在讼争的《借款合同》上使用的“德化县物资公司合同专用章”虽然与物资公司备案的合同专用章不符，但该公章却在物资公司与其他单位的往来交易中使用过，在物资公司与案外人的《承诺保证函》《众达产品代销合同》《协议书》上所加盖的合同专用章经鉴定系出自同一枚印章所盖。由此可以证明徐某斌确实多次使用该合同专用章以物资公司的名义从事一系列经营活动。而根据《合同法》第四十九条规定，行为人没有代理权、超越代理权或者代理权终止后以被代理人名义订立合同，相对人有理由相信行为人有代理权的，该代理行为有效。由此可见，表见代理是指行为人没有代理权、超越代理权或者代理权终止后仍以代理人名义订立合同，而善意相对人客观上有充分的理由相信行为人具有代理权的，该代理行为有

效，被代理人应按照合同约定承担其与相对人之间的民事责任。但如果合同系以合法形式掩盖非法目的，依法为无效合同的，在此情况下不应适用《合同法》关于表见代理的规定。本案中，徐某斌虽未经物资公司授权，以私刻公章盖印与兴华成公司签署借款合同，该行为不具有代理权；但是徐某斌是长期担任物资公司金属材料经营部的承包人，其确实多次使用私刻的合同专用章以物资公司的名义从事一系列经营活动，物资公司对该私刻公章的存在、使用是知晓的。尽管其主张公章伪造，但其在明知该公章存在并使用的情况下，未采取措施防止相对人的利益损害。则不能对同一印章的效力在不同的交易或诉讼中做不同选择。即公司对外使用的公章已经在某一交易或诉讼中承认其效力，则不论公章是否经公司授权、是否系他人私刻甚至伪造、是否进行工商备案，均不得在另一交易或诉讼中否定其效力。本案原告作为交易相对人，并无审查签订合同所用印章是否为真实的义务，故其以物资公司在其他的场合使用过该公章，且该公司没有否定其效力；徐某斌代表物资公司使用该公章签订合同构成表见代理为由，主张其合理信赖利益应受到保护，应予支持。法院最终以该理由作为认定徐某斌私刻公章签订借款合同系物资公司行为的重要理由之一。

编写人：福建省厦门市思明区人民法院　林芳　曾国川

20

未约定还款期限的借款，债权人向债务人催讨借款是否会引起诉讼时效的开始、中断

——许某明诉谢某明民间借贷案

【案件基本信息】

1. 裁判书字号

广东省揭阳市中级人民法院（2017）粤52民终180号民事判决书

2. 案由：民间借贷纠纷

3. 当事人

原告（上诉人）：许某明

被告（上诉人）：谢某明

【基本案情】

2009年1月25日，谢某明向许某明出具《借条》，主文载明“本人谢某明用工厂，地址揭阳市新河村黄歧山前（一号路北侧，伯公宫前东畔）向许某明兄作抵押借现金人民币叁拾万元正。借款人：谢某明”；右下方载明“2009年1月25号、2009年5月25号到期、2009年7月25号到期、2009年9月25号、2009年10月25号到期、2009年11月25号到期”，上述日期均用横线划掉，并在旁边注明“利息已付”；左下方载明“2010年4月22日利息已付”。谢某明主张双方约定按中国人民银行同期同类贷款利率计算该笔30万元的利息，利息已还至2010年4月22日，而许某明则主张按月利率2%计算。2010年4月22日，谢某明向许某明出具40万元的《借款单》，未载明还款期限及利息。许某明请求法院判令谢某明立即付还借款700000元及自2010年4月22日起计至还款之日止，按月利率2%计的利息。谢某明主张《借款单》中的40万元包含了《借条》中的30万元，40万元已经还清，即使没有还清，许某明确认2011年曾向谢某明催讨过款项，之后长达5年的时间许某明不能提供证明有向谢某明催讨过款项，债权已经超过法律规定的诉讼时效，许某明的主张不应得到法律保护。

【案件焦点】

未约定还款期限的借款，债权人向债务人催讨借款是否会引起诉讼时效的开始、中断。

【法院裁判要旨】

广东省揭阳市榕城区人民法院经审理认为：谢某明于2010年4月22日向许某明借款40万元，事实清楚，证据充分，依法应予以认定。许某明要求谢某明付还借款70万元，因《借条》中注明2009年11月25日到期，因此，许某明要求谢某明付还两次借款70万元，理由依据不足。

广东省揭阳市榕城区人民法院据此作出如下判决：一、谢某明应于判决发生法律效力之日起十日内付还许某明借款 40 万元及该款利息。二、驳回许某明的其他诉讼请求。

许某明持原审起诉意见提起上诉，认为谢某明结欠其 70 万元借款，因借款没有约定还款期限，故没有超过诉讼时效，请求二审法院支持其诉讼请求。谢某明持原审答辩意见提起上诉，请求二审法院撤销一审判决，驳回许某明的全部诉讼请求。

广东省揭阳市中级人民法院经审理认为：1. 许某明主张谢某明向其借款 70 万元，有《借条》《借款单》为证，可以采信。谢某明主张《借款单》中的 40 万元包含了《借条》中的 30 万元，且已归还欠款，但并未提供证据予以证实，不予采信。2. 《借条》《借款单》均没有写明还款期限，《借条》下方多处记载某年某月某日到期是指利息到期，并不是指借款到期。因此，本案 70 万元属于未约定履行期限的借款。根据《最高人民法院关于审理民事案件适用诉讼时效制度若干问题的规定》第六条的规定，许某明于 2011 年向谢某明催讨借款，谢某明没有还款，本案没有证据证明许某明有向谢某明确定还款的宽限期，也没有证据证明谢某明当时明确拒绝还款，直到 2016 年 5 月 3 日许某明起诉前，不能认定许某明的 70 万元债权受到谢某明侵害，故，诉讼时效未开始起算。诉讼时效尚未起算，也就没有诉讼时效中断之说。因此，许某明对本案 70 万元债权的起诉并未超过诉讼时效。

广东省揭阳市中级人民法院依照《中华人民共和国民事诉讼法》第一百七十条第一款第（二）项、《最高人民法院关于审理民事案件适用诉讼时效制度若干问题的规定》第六条的规定，作出如下判决：

一、撤销原审判决；

二、谢某明应于本判决生效之日起十日内付还许某明借款本金 70 万元及利息；

三、驳回许某明的其他诉讼请求；

四、驳回谢某明的上诉请求。

【法官后语】

对于未约定还款期限的借款，债权人向债务人催讨借款是否会引起诉讼时效的开始、中断？取决于债权人催收债权时债权人、债务人的具体表现。

具体到本案中，双方当事人对于许某明的债权是否超过诉讼时效出现分歧意见，其主要原因在于对诉讼时效的起算时间理解不同。谢某明认为本案诉讼时效从许某明于2011年向其催收欠款之日起开始计算，之后未有证据证明许某明向谢某明主张过权利，至2016年许某明向原审法院提起本案诉讼时，已超过两年的诉讼时效期间。许某明则认为，本案70万元借款均属于未约定还款期限的借款，许某明虽于2011年向谢某明催讨过欠款，但并未向谢某明限定具体的还款期限，因此，至本案诉讼发生前，70万元债权的诉讼时效均未开始计算。一审法院将《借条》中的利息到期认定为主债权到期，从而作出30万元借款超过诉讼时效的判决，处理不当。根据《民法通则》第八十八条第二款第二项“履行期限不明确的，债务人可以随时向债权人履行义务，债权人也可以随时要求债务人履行义务，但应当给对方必要的准备时间”，第一百三十七条“诉讼时效期间从知道或者应当知道权利被侵害时起计算。但是，从权利被侵害之日起超过二十年，人民法院不予保护”的规定，本案当事人对借款未约定履行期限，债务人可以随时还款，谢某明在2009年至2010年多次向许某明归还利息，是履行义务的表现，并没有侵害许某明的权利。权利没有受到侵害，并不产生诉讼时效的问题，所以谢某明归还利息的行为并不能作为诉讼时效的起算时间，诉讼时效尚未起算，也就没有诉讼时效中断之说。许某明于2011年向谢某明催讨借款，由于没有证据证明许某明向谢某明确定具体的还款期限，也没有证据证明谢某明明确拒绝还款，直到2016许某明起诉前，不能认为谢某明侵害许某明的权利，诉讼时效未开始起算。《最高人民法院关于审理民事案件适用诉讼时效制度若干问题的规定》第六条也规定：“未约定履行期限的合同，依照合同法第六十一条、第六十二条的规定，可以确定履行期限的，诉讼时效期间从履行期限届满之日起计算；不能确定履行期限的，诉讼时效期间从债权人要求债务人履行义务的宽限期届满之日起计算，但债务人在债权人第一次向其主张权利之时明确表示不履行义务的，诉讼时效期间从债务人明确表示不履行义务之日起计算。”因此，本案许某明起诉时并未超过诉讼时效。

编写人：广东省揭阳市中级人民法院　邹秋玲

21

借款合同履行过程中债务转移的认定

——罗某诉张某向、张某民间借贷案

【案件基本信息】

1. 裁判书字号

福建省厦门市中级人民法院（2017）闽02民终4675号民事判决书

2. 案由：民间借贷纠纷

3. 当事人

原告（被上诉人）：罗某

被告（上诉人）：张某向

被告：张某

【基本案情】

2014年2月17日，被告张某向原告罗某借款，罗某通过转账方式支付了195000元。双方对借款的利息进行了口头约定，此后张某一直依约每月支付5000元利息给罗某。2014年12月后张某没再支付过利息。此后，经双方沟通汇总，张某于2016年3月5日出具《借条》一张，交由罗某收执。该《借条》载明：“借条　本人张某向罗某借款人民币贰拾万元整　借款人：张某　2016年3月5日。”2016年3月29日，罗某向同安法院提起诉讼［（2016）闽0212民初1125号］，起诉要求张某归还所欠款项，并向法院申请将张某名下位于同安区大溪地小区的一套房子进行保全。由于张某欲出售该房产，经张某家人介入，双方达成庭外和解，张某先行归还40000元，并由张某父亲张某向出具《借条》一张交由罗某收执。该《借条》载明：“借条　张某向向罗某借款人民币壹拾陆万元正（160000），于2016年8月31日前还清全额。借款人：张某向2016年4月5日。”罗某将张某手写的《借条》原件交给张某向收执。2016年4月19日，罗某出具《申明》一份交由张某收执。该

《申明》载明："申明从今日起罗某与张某之间不再存在任何的经济往来，以往所有借条均无效。申明人：罗某　日期：2016年4月19日。"2016年4月27日，罗某将（2016）闽0212民初1125号诉讼案件撤回起诉，并撤回对张某名下财产的保全措施。此后，由于张某向未在约定的2016年8月31日向罗某偿还款项，罗某遂于2016年9月18日向本院提起诉讼，请求判如所请。

本案审理过程中，被告张某向以其实际居住地在厦门市思明区为由，向本院提出管辖权异议申请，本院经审查作出（2016）闽0212民初3980号民事裁定，驳回其异议请求。张某向在法定期限内提起上诉，经厦门市中级人民法院依法作出（2017）闽02民辖终345号民事裁定，驳回张某向上诉，维持原裁定。

【案件焦点】

被告张某向对于被告张某与原告罗某之间的债务纠纷是否应当承担责任。

【法院裁判要旨】

福建省厦门市同安区人民法院经审理认为：合法的债权应受法律保护，债务应当清偿。被告张某向原告罗某借款的事实，有相应的《借条》、转账记录银行查询明细单以及庭审当事人的陈述为证，可予以认定。根据《中华人民共和国合同法》第八十四条规定，债务人将合同的义务全部或者部分转移给第三人的，应当经债权人同意。本案被告张某向自愿替被告张某偿还所欠款项160000元，并出具《借条》一张交由原告罗某收执，罗某将原来张某的《借条》原件交还给张某向，张某在本案中所欠的债务已经全部转移给张某向，罗某同意并出具免除张某义务的《申明》给张某收执。故本案中的还款义务应由张某向承担。张某作为本案被告除有利于查明案情之外，不具有实体上的实际意义。由于双方约定的还款期限已届满，根据《中国人民共和国合同法》第二百零六条之规定，罗某可以催告张某向在合理期限内返还。故罗某要求张某向偿还借款的诉讼请求于法有据，本院予以支持。至于张某向提出的"答辩人与原告从来没有发生实质的借贷行为，故答辩人认为双方借贷关系不成立"的抗辩意见，于法无据，本院依法不予采纳。张某经本院依法传唤，无正当理由拒不到庭应诉，视为自愿放弃诉讼权利，依法可以缺席判决。

一审法院根据《中华人民共和国合同法》第六十条第一款、第八十四条、第一百零七条、第二百零六条、第二百一十一条，《最高人民法院关于审理民间借贷案件适用法律若干问题的规定》第二十五条，《中华人民共和国民事诉讼法》第六十四条第一款、第一百四十四条之规定，判决如下：

被告张某向于本判决生效之日起十日内偿还原告罗某借款人民币160000元。

被告张某向不服，提出上诉，二审法院经审理认为，一审判决认定事实清楚，适用法律正确，应予以维持。根据《中华人民共和国民事诉讼法》第六十四条第一款、第一百七十条第一款第（一）项之规定，判决如下：

驳回上诉，维持原判。

【法官后语】

债务转移是指债务人经债权人同意，将其债务部分或者全部转移给第三人负担。与主债务有关的从债务，除了专属于原债务人自身的以外，也随主债务转移给新债务承担。同时，原债务人对债权人享有的抗辩权，新债务人亦可以之对抗债权人。

根据《中华人民共和国合同法》第八十四条规定，债务人将合同的义务全部或者部分转移给第三人的，应当经债权人同意。本案被告张某向系因其子张某未能向原告罗某偿还借款而与罗某协商后，由其出具讼争借条，向罗某偿还张某拖欠的债务。债权人罗某在其出具借条后，将张某向其出具的借条返还张某向并出具声明，免除了张某对其所负的债务。据此认定本案讼争债务属于债务转移，并无不当。本案借款合同关系原发生于罗某与张某之间，罗某已向张某转账提供了借款，对此双方均无异议。该借款合同在罗某向张某提供借款之时即已依法生效。此后，在该合同的履行中，经债权人罗某同意，将张某在该借款合同项下的义务转移给张某向，属于上述借款合同履行中发生的债务转移，而非在张某向与罗某之间建立新的借款合同关系，故张某向关于其未收到罗某向其提供的借款、借款合同尚未生效的主张，没有相应的事实和法律依据。张某向还主张其出具本案讼争借条、承接张某的债务时系受罗某胁迫、违背其真实意思表示，但未能就此提供相应的证据予以证明，且罗某作为债权人，在债务人张某未履行债务的情况下向法院提起诉讼、申请财产保全，属于对其权利的合法救济，故张某向的这一主张，没有相应的事实和法律依据。

编写人：福建省厦门市同安区人民法院　李金森

二、保　　证

22

保证人的连带责任承担问题

——中国农业银行股份有限公司忻城县支行诉潘某珍、柳州泰合房地产开发有限公司金融借款合同案

【案件基本信息】

1. 裁判书字号

广西壮族自治区忻城县人民法院（2017）桂1321民初700号民事判决书

2. 案由：金融借款合同纠纷

3. 当事人

原告：中国农业银行股份有限公司忻城县支行（以下简称忻城县农行）

被告：潘某珍、柳州泰合房地产开发有限公司（以下简称柳州泰合公司）

【基本案情】

2015年12月16日，原告忻城县农行作为贷款人（抵押权人）、被告潘某珍作为借款人（抵押人）、被告柳州泰合公司作为保证人，共同签订了一份《个人购房担保借款合同》，合同约定：借款金额为130000元，借款用途为购买房产（忻城县思练镇思练时代商贸城4－3－×号房），借款期限自2015年12月16日起至2025年12月15日止，共计120个月，实际借款期限和具体起止日期以借款凭证记载为准。

合同签订后，2016年1月8日，原告按约定发放贷款，将130000元划至合同指定的被告柳州泰合公司的农行账户，并出具借款凭证，该凭证载明：借款金额

130000 元，借款日期 2016 年 1 月 8 日，到期日期 2026 年 1 月 7 日，还款方式等额本息还款，还款周期为月，还款日为 8 日，借款利率 5.39%，逾期利率 8.085%。

贷款发放后，被告潘某珍于 2016 年 2 月 8 日至 2017 年 6 月 20 日共计归还了贷款本金 7512.64 元及利息 5460.99 元。自 2017 年 6 月 21 日起，被告潘某珍不再还款付息。原告向被告潘某珍催款，但被告潘某珍仍未还款。被告柳州泰合公司也未履行担保责任。2017 年 8 月 4 日，原告诉至本院，请求：判令被告潘某珍偿还借款本金 122487.36 元及利息 4770.22 元（利息暂计至 2017 年 7 月 24 日），以后产生利息按合同约定计至贷款还清为止，被告柳州泰合公司对被告潘某珍所应承担的责任承担连带责任。

【案件焦点】

原告请求两被告互负连带责任偿还贷款本金及利息是否符合法律规定。

【法院裁判要旨】

广西壮族自治区忻城县人民法院经审理认为：依法成立的合同，对当事人具有法律约束力。当事人应当按照约定履行自己的义务。原告忻城县农行与被告潘某珍、柳州泰合公司签订的《个人购房担保借款合同》是各方当事人的真实意思表示，内容不违反法律、法规的强制性规定，应确认为合法有效的合同。原告已经按照约定提供借款，被告潘某珍应当按照约定的期限返还借款，并按约定支付利息。现被告潘某珍未按约定的期限还款，原告起诉要求被告潘某珍返还尚欠的借款本金 122487.36 元、利息 4770.22 元（此利息计至 2017 年 7 月 24 日止）及按借款合同约定支付 2017 年 7 月 24 日后至贷款还清止的利息，有事实依据，且不违反法律规定，本院予以支持。对于上述款项，原告要求被告柳州泰合公司承担连带责任，符合合同约定和法律规定，本院亦予支持。至于被告潘某珍提出其买房后被告柳州泰合公司没有交房，故其要找被告柳州泰合公司退房拿到钱后再还原告借款的辩解意见，因没有合同约定且不符合法律规定，本院不予采纳。

广西壮族自治区忻城县人民法院依照《中华人民共和国合同法》第二百零六条、第二百零七条、第一百零七条，《中华人民共和国担保法》第十八条，《中华人民共和国民事诉讼法》第一百四十四条规定，判决如下：

被告潘某珍偿还原告中国农业银行股份有限公司忻城县支行借款本金 122487.36 元及利息（截至 2017 年 7 月 24 日的利息为 4770.22 元，2017 年 7 月 24

日后的利息按合同约定的利率计算至还清借款之日止)；被告柳州泰合房地产开发有限公司对上述款项承担连带责任。

【法官后语】

本案中，原告忻城县农行作为贷款人（抵押权人)、被告潘某珍作为借款人（抵押人)、被告柳州泰合公司作为保证人，于2015年12月16日共同签订了一份《个人购房担保借款合同》，各方当事人对该合同约定内容及合同成立均无异议。

本案争议的焦点在于原告请求两被告互负连带责任偿还贷款本金及利息是否符合法律规定。

庭审中被告潘某珍提出其买房后被告柳州泰合公司没有交房，故其要找被告柳州泰合公司退房拿到钱后再还原告借款，综合本案证据，笔者认为本案中被告潘某珍的辩解意见没有合同约定且不符合法律规定。主要理由如下：

一、依法成立的合同，对当事人具有法律约束力

当事人应当按照约定履行自己的义务。原告忻城县农行与被告潘某珍、柳州泰合公司签订的《个人购房担保借款合同》是各方当事人的真实意思表示，内容不违反法律、法规的强制性规定，应确认为合法有效的合同。原告已经按照约定提供借款，被告潘某珍应当按照约定的期限返还借款，并按约定支付利息。现被告潘某珍未按约定的期限还款，原告起诉要求被告潘某珍返还尚欠的借款本金122487.36元、利息4770.22元（此利息计至2017年7月24日止）及按借款合同约定支付2017年7月24日后至贷款还清止的利息，有事实依据，且不违反法律规定，本院予以支持。对于上述款项，原告要求被告柳州泰合公司承担连带责任，符合合同约定和法律规定，本院亦予支持。

二、没有合同约定且不符合法律规定的，本院不予采纳

被告潘某珍提出其买房后被告柳州泰合公司没有交房，故其要找被告柳州泰合公司退房拿到钱后再还原告借款的辩解意见，没有合同约定且不符合法律规定，本院不予采纳。所以两被告互负连带责任偿还贷款本金及利息符合法律规定。被告潘某珍应偿还给原告中国农业银行股份有限公司忻城县支行借款本金122487.36元及利息，被告柳州泰合房地产开发有限公司应对上述款项承担连带责任。

编写人：广西壮族自治区忻城县人民法院　蓝彬华

23

银行私自延长贷款期限保证人在原保证期间承担保证责任

——都安瑶族自治县农村信用合作联社诉唐某红金融借款合同案

【案件基本信息】

1. 裁判书字号

广西壮族自治区都安瑶族自治县人民法院（2016）桂1228民初681号民事判决书

2. 案由：金融借款合同纠纷

3. 当事人

原告：都安瑶族自治县农村信用合作联社（以下简称信用联社）

被告：唐某红

【基本案情】

借款人杨某于2011年6月12日向原告信用联社申请贷款5万元，用于建房。双方于2011年6月12日签订《个人借款合同》，合同约定借款期限为三年，借款期限自2011年6月12日至2014年6月12日，还款方式为按季结息到期还本。被告唐某红作为以上借款的连带责任保证人进行保证。合同签订后，原告于签订合同当日向杨某发放贷款5万元。贷款到期后，原告多次催收，杨某只偿还部分本息，尚欠本金4.5万元及相应利息。本案被告唐某红也没有按合同约定履行其保证义务偿还剩余的本金及利息。

本案借款到期后，原告方的信贷员为避免借款人形成不良贷款，影响抓降任务而在电脑系统中修改了贷款履行期限，即原告私自延长借款期限18个月。

【案件焦点】

债权人私自延长贷款期限，保证人是否应承担保证责任。

【法院裁判要旨】

广西壮族自治区都安瑶族自治县人民法院经审理认为：合法的借贷关系受法律保护。原告信用联社与杨某签订《个人借款合同》，原告与被告唐某红签订《抵押担保合同》，均系双方真实意思表示，合同合法有效。原告履行了发放贷款的义务，借款人杨某及保证人唐某红在借款到期后应依照合同约定按时偿还借款。借款人杨某在贷款到期后没有按时足额偿还借款本息。故原告要求连带担保人唐某红承担连带偿还责任，有事实和法律依据，本院予以支持。

被告唐某红辩称原告在金融借款合同履行过程中，违规展期、不催款、不扣款、不通知、没有尽到特别提示的义务，违反《中华人民共和国合同法》第六十条"诚实信用原则及合同附随义务"的规定，存在重大过错，被告不应再承担保证义务。法院认为，1. 原告与借款人、保证人所签订的《个人借款合同》《抵押担保合同》系双方的真实意思表示，两份合同均合法有效。虽然在借款期限到期后原告私自延长了贷款期限18个月，但根据《最高人民法院关于适用〈中华人民共和国担保法〉若干问题的解释》第三十条规定："保证期间，债权人与债务人对主合同数量、价款、币种、利率等内容作了变动，未经保证人同意的，如果减轻债务人的债务的，保证人仍应当对变更后的合同承担保证责任；如果加重债务人的债务的，保证人对加重的部分不承担保证责任。债权人与债务人对主合同履行期限作了变动，未经保证人书面同意的，保证期间为原合同约定的或者法律规定的期间。债权人与债务人协议变动主合同内容，但并未实际履行的，保证人仍应当承担保证责任。"本案中，原告私自延长贷款期限，是对主合同的变更，未得到借款人及担保人的同意，事后也未得到借款人及担保人的追认，此部分内容对借款人及担保人应属无效，担保人应在原担保合同约定的范围内承担保证责任；2. 双方在借款期限届满后，借款人没有完全偿还借款本金及相应利息，原告有权向实际借款人或连带保证责任人主张还款的权利。本案中，原告在向实际借款人催偿无果的情况下，在保证期限内有权向连带保证责任人即本案被告唐某红催偿，至于原告何时主张，采取何种方式主张，只要还在原保证期间内，并不影响其权利的行使。因此，对于被告辩解原告不催款、不扣款、不通知的意见，本院不予采信；3. 被告称原告没有尽到特别提示的义务。结合本案事实，原、被告双方在《抵押担保合同》及《借款保证承诺书》中已详细列明了被告作为连带保证人的担保责任，被告是一名教师，具有较高的文化水平，具备完全民事行为能力，应意识到其作为担保人所应当承担的法律后果。其主张原告没有尽到特别提示的辩解意见因没有提供相关证据进行佐证，本院亦不予采信。

广西壮族自治区都安瑶族自治县人民法院依照《中华人民共和国合同法》第六十条、第一百零七条、第二百零七条，《中华人民共和国担保法》第十八条、第三十一条，《最高人民法院关于适用〈中华人民共和国担保法〉若干问题的解释》第三十条，《中华人民共和国民事诉讼法》第六十四条、第六十五条，作出如下判决：

一、被告唐某红于本判决生效之日起十日内偿还原告都安瑶族自治县农村信用合作联社借款本金人民币45000元及利息（利息按双方合同约定计付）；

二、被告唐某红承担保证责任后，有权向债务人杨某追偿。

【法官后语】

金融借款在我国社会经济发展中处于比较重要的地位，为我国经济的飞速发展提供了强有力的经济支持，但随之而来的有关金融借款合同纠纷也越来越多。就本案保证责任承担问题，其实可分为三种情况进行分析，一是保证合同有特别约定的情况下，如保证合同中有特别约定："借、贷双方在未征得保证人同意的情况下变更主合同，保证人不再承担保证责任。"等免除保证人责任的字样，并且没有违反法律的规定，根据《担保法》第二十四条"债权人与债务人协议变更主合同的，应当取得保证人书面同意，未经保证人书面同意的，保证人不再承担保证责任。保证合同另有约定的，按照约定"的规定，在此种情况下，保证人不再承担保证责任。二是保证合同未有特别约定，并且债权人向保证人主张权利时仍在原合同约定或法律规定的保证期间内。在这种情况下，保证人的保证责任并没有免除，保证人承担保证责任的保证期间仍为原合同约定或法律规定的期间。三是保证合同有特别约定，如"债权人与债务人变更主合同内容，保证人对变更后的合同继续承担保证责任"等不太明确的约定。此类约定得区别对待，如果是减轻债务人的债务的，保证人仍应当对变更后的合同承担保证责任；如果是加重债务人的债务的，保证人对加重的部分不承担保证责任；如果是债权人与债务人对主合同履行期限作了变动，未经保证人书面同意的，保证期间则为原合同约定的或者法律规定的期间；如果是债权人与债务人协议变更主合同内容，但并未实际履行的，保证人仍应当承担保证责任。就如本案中债权人私自延长了借款期限，未征得债务人及保证人的同意，此部分内容应属无效，担保人应在原担保合同约定的范围内承担保证责任。

编写人：广西壮族自治区都安瑶族自治县人民法院 石景仁

24

P2P借贷纠纷案件中担保人法律责任研究

——上海点荣金融信息服务有限责任公司诉张某、云南中铭融资担保有限公司借款合同案

【案件基本信息】

1. 裁判书字号

上海市第二中级人民法院（2016）沪02民终8597号民事判决书

2. 案由：借款合同纠纷

3. 当事人

原告（被上诉人）：上海点荣金融信息服务有限责任公司（以下简称点荣公司）

被告（上诉人）：云南中铭融资担保有限公司（以下简称中铭公司）

被告：张某

【基本案情】

2014年8月30日，被告张某通过原告上海点荣金融信息服务有限责任公司运营的金融信息技术服务平台（域名：www. dianrong. com，以下简称点融网）进行借款，被告张某与借款人签订了编号为130405号的借款协议，协议项下借款本金为500万元，借款期限自2014年8月30日至2015年2月28日，借款年利率为10.49%，还款方式为按月还息，按季度还本。

被告云南中铭融资担保有限公司为上述借款出具《担保承诺书》，承诺对债权

本金、利息、违约金及债权人为实现债权而发生的费用（包括催收费用、诉讼费、保全费、公告费、执行费、律师费、差旅费）承担连带保证责任。

上述借款协议的出借人已按照协议约定通过点融网向被告张某全额给付借款，被告张某应按照协议约定的还款日按月给付出借人本金及利息，但自2015年2月28日，被告张某最后一次偿还了25.23元后，再未作任何还款。

根据借款协议第8.5条约定，若被告张某出现逾期还款超过90天的情形，或被告张某在逾期后出现逃避、拒绝沟通的行为，全体出借人同意将协议项下债权无偿转让给原告，由原告统一向被告张某追索。原告受让债权后诉至法院，请求判令：1. 被告张某偿还原告借款本金2500000元，并支付利息及罚息（从2015年3月1日起计算，要求计算至实际支付完毕之日，以未付本金为基数，按年利率24%的标准计算）；2. 被告中铭公司对被告张某的全部债务承担连带保证责任；3. 诉讼费由被告承担。为支持诉请，点荣公司提交了《借款协议》、担保承诺书、电话催收记录、律师函、债权转让通知、被告张某会员信息、付款成功数据证明等证据材料。

被告中铭公司辩称：1. 原告系居间人，无转让行为，主体不适格，且债权转让通知应当由债权人向债务人发出，而不应由受让人向债务人发出。因此，本案欠缺债权人的通知，债权转让不能对债务人发生效力，原告不具有向债务人及担保人主张债务的权利。2. 被告中铭公司仅针对最高额借款服务合同进行担保，并未对本案所涉借款进行担保，被告亦不知悉本案所涉的《借款协议》。3. 原告主张的利息不在担保确认函声明的担保范围内，担保范围仅针对借款本金，不包括收益，利息属于收益范围。4. 担保函是对借款的债权人发出，而不是向原告发出。

【案件焦点】

本案争议焦点在于P2P借贷案件中担保人的法律责任认定，其核心问题在于债权转让中受让人发出的债权转让通知是否可以对债务人产生效力。

【法院裁判要旨】

上海市黄浦区人民法院经审理认为：债权转让系债权人让与自身债权的法律行为，是债权转让方与受让方合意的结果，只要该转让行为不属于《中华人民共和国合同法》第七十九条所规定的债权转让的除外情形，亦不具有欺诈、胁迫、乘人之危及损害国家、集体、他人的合法权益，不存在以合法形式掩盖非法目的的，应为有效，且债权人和债务人已经在借款协议中对债权转让设定了附条件的生效要件，该条款未违背法律规定，属于双方意思自治的结果，合法有效，当条件成就时，债权转让依约成立。如果严格限定债权转让履行通知义务的主体为转让人，那么转让人与受让人就债权转让合意达成后，转让人怠于履行通知义务时，受让人有可能错失行使债权的时机，进而遭受损失。从诉讼角度看，只要双方的债权债务事实客观存在，债权人没有损害债务人及第三人的利益，为了减少诉累，节约司法资源，即使通知的行为存在瑕疵，也不应否认该转让行为有效，这样更有利于客观、及时、高效地维护当事人的合法权益。因此，本案债权转让有效，原告主体适格，有权对被告追讨债权。

据此，一审法院判决：

被告张某承担还款责任并支付利息，被告中铭公司对张某的上述欠款承担连带清偿责任，并在承担了保证责任后，有权向被告张某追偿。

一审判决后，被告中铭公司不服判决，向上海市第二中级人民法院提起上诉。二审法院经审理后判决：

驳回上诉、维持原判。

【法官后语】

伴随着近两年P2P网贷行业风险的集中爆发，越来越多P2P平台开始引入担保公司作为第三方担保，无形中将P2P不良贷款的高风险，从网贷行业本身向担保公司传导，实务中P2P平台同时起诉借款人、担保人的纠纷案件开始涌现。相较于传统P2P借贷纠纷案件司法裁判规则的成熟，对担保方法律责任的认定，仍有可探讨的空间，本案作为P2P网贷纠纷案件中担保人进行抗辩的案例，核心问题在于受让人发出的债权转让通知是否可以对债务人产生效力。

关于债权让与，我国现行立法采取让与通知原则，但是债权让与可否由受让人通知债务人，现行立法并没有明确，实践中也存有争议。对此，合议庭认为：从立法本意来看，债权让与制度设立的目的即为了加快债的流转，促进债权的自由流通，为交易当事人提供便捷的交易方式，繁荣市场经济。若仅将让与人作为发出让与通知的唯一主体，将导致让与人单方决定是否、何时通知债务人，在债权人通知前，债权让与能否对债务人产生效力始终处于不确定的状态，对受让人是不公平的，同时也给让与人、债务人钻法律漏洞的机会，债权让与制度也就失去了应有的价值和目的，并不符合立法本意。从P2P网贷业务特点来看，出借人与借款人经P2P平台居间服务签订了借款合同，他们彼此之间是不认识的，甚至未曾谋面，出借人一方往往人数众多，且每个出借人借出款项也较少，当借款人违约时，由众多出借人分别向借款人追索，既不合理，也缺乏动力。正是这样的业务特点，才催生了众出借人将债权无偿转让给P2P平台、由平台负责追索这种较为经济合理的违约追索模式。由受让人P2P平台通知债务人、追偿债权，不仅减轻了债权人的讼累，明确了平台应尽的居间义务，而且亦减轻债务人、担保人的讼累，使其暂免被众多出借人多头追索，有利于债务纠纷的一揽子解决。

所以，在通知内容真实的情况下，可以允许债权受让人P2P平台履行债权让与通知义务，同时课以受让人相应的信息披露义务，P2P平台在追索债权的同时，必须向债务人举证证明自己合法受让债权。

编写人：上海市黄浦区人民法院　施浩　黄頔

25

执行担保异议成立不阻碍普通担保之诉

——郑某芳诉魏某保证合同案

【案件基本信息】

1. 裁判书字号

北京市第二中级人民法院（2017）京02民终7885号民事判决书

2. 案由：保证合同纠纷

3. 当事人

原告（被上诉人）：郑某芳

被告（上诉人）：魏某

【基本案情】

2012年3月15日，南京中院作出（2012）宁商初字第17号民事调解书。2012年4月，魏某向郑某芳出具《担保函》，记明："江苏省南京中院（2012）宁商初字第17号《民事调解书》已依法发生法律效力。本保证人就上述《民事调解书》中的主债务人南京万隆包装制品有限公司的付款义务，自愿向您承担连带保证责任。"落款魏某在保证人处签字，落款日期为2012年4月25日。

后申请执行人郑某芳向该院申请追加担保人魏某为本案的被执行人，南京中院2012年8月10日作出（2012）宁执字第93-2号民事裁定：追加魏某为该案的被执行人，对被执行人万隆公司在（2012）宁商初字第17号民事调解书项下的还款义务承担连带责任。

后魏某向南京中院提起执行异议，该院认为第三人担保的效力因执行担保与普通担保的区别而有所不同，《担保函》并不是执行担保，不能产生人民法院对担保人直接执行的法律后果。该院（2012）宁执字第93-2号民事裁定追加魏某为该案的被执行人缺乏事实和法律依据，应予撤销。郑某芳不服上述执行裁定书，向江苏省高级人民法院申请复议，后被江苏省高级人民法院裁定驳回。

2015年3月11日，郑某芳以保证合同纠纷为由，向南京中院提起民事诉讼，南京中院受理后，魏某于2015年4月19日提出管辖权异议申请，认为应当将本案移送至北京市西城区人民法院审理。2015年5月5日，南京中院作出（2015）宁民初字第26号民事裁定书，裁定魏某对管辖权提出的异议成立，本案移送至北京市西城区人民法院审理。郑某芳不服提起上诉，但被江苏省高级人民法院裁定驳回。

【案件焦点】

执行担保异议成立，是否阻碍普通担保之诉。

【法院裁判要旨】

北京市西城区人民法院经审理认为：南京中院作出的执行裁定书已经发生法律效力，该裁定书认定魏某向郑某芳出具的《担保函》不是执行担保，不能产生人民法院对担保人直接执行的法律后果。同时，也明确了在该《担保函》形成背景及过程存在争议的情况下，当事人可另行通过诉讼程序明确该《担保函》的法律效力。郑某芳据此以保证合同为由，向法院提起民事诉讼。该诉讼是权利人主张实体权利的审判程序，并非基于执行异议审查的程序权利救济。也就是说，郑某芳的起诉是一个完全独立的民事诉讼程序，而不是对执行行为异议审查或复议的延续，因此属于人民法院受理案件的范围。

南京中院进行的执行异议审查程序审理的是郑某芳行使执行程序权利的正当性，做出的裁决结果是确定是否在原执行程序中直接对魏某的财产进行处置；本院进行的第一审普通程序审理的是郑某芳与魏某基于保证合同法律关系引发的权利之争，做出的裁决结果是确定郑某芳是否有权要求魏某对其承担连带保证责任。二者虽然基于相同的事实和证据，但裁决结果一个是解决程序问题，一个是处理实体权利；不管结果如何，都不可能存在重复或冲突的问题。没有法律规定发生在执行过程中的担保行为，只能作为执行担保，相关司法解释还专门明确了执行担保与普通担保的区别。因此，魏某的主张没有法律依据，本院不予采纳。既然南京中院已经确认担保行为的真实性，且该担保行为并非执行担保，就应当按照普通担保行为来处理。

北京市西城区人民法院依照《中华人民共和国担保法》第十六条、第二十一条、第二十六条，《中华人民共和国民事诉讼法》第二百二十五条以及《最高人民法院关于适用〈中华人民共和国民事诉讼法〉的解释》第九十三条第一款第五项之规定，作出如下判决：

一、被告魏某对江苏省南京中院作出的（2012）宁商初字第17号民事调解书中南京万隆包装制品有限公司的还款义务（包括案件受理费1007363元）向原告郑某芳承担连带责任；

二、驳回原告郑某芳的其他诉讼请求。

魏某提起上诉。北京市第二中级人民法院经审理同意一审法院裁判意见，判决：

驳回上诉，维持原判。

【法官后语】

《民事诉讼法》第二百三十一条规定："在执行中，被执行人向人民法院提供担保，并经申请执行人同意的，人民法院可以决定暂缓执行及暂缓执行的期限。被执行人逾期仍不履行的，人民法院有权执行被执行人的担保财产或者担保人的财产。"

据此，《民事诉讼法》确立的执行担保，意为在民事执行程序中，被执行人一方提供担保，经申请执行人和人民法院同意，对被执行人在一定期限内暂缓执行，待暂缓执行期限届满而被执行人仍不履行义务的，法院直接执行被执行人的担保财产或担保人的财产。执行担保不同于一般担保，从作出对象来看，执行担保需向执行法院出具保证书，并将保证书副本送交申请执行人；一般担保直接向债权人作出，无须法院公权力介入。从作出目的来看，执行担保旨在阻却执行进程，从而达到暂缓执行的效果，在暂缓执行期限届满后被执行人仍不履行义务时，法院可裁定对执行担保人的财产采取执行措施；一般担保目的仅为保全债权，若债务人不依约偿还债务，债权人要求担保人承担相应保证责任时，法院需就该担保进行民事实体审判方能对担保人采取执行措施。

南京中级人民法院在认定《担保函》为真的基础上，最初在执行程序中直接作出裁定将魏某追加为被执行人，对此魏某提出执行异议。经执行异议程序审查魏某提供的担保并非执行担保，南京中院撤销了之前的追加裁定。上述执行异议案审理的是郑某芳能否依据涉案《担保函》在原有的执行程序中直接要求强制执行魏某的财产。该案生效裁决书认定涉案担保并非执行担保，法院不能在原有的执行程序中直接对魏某采取执行措施。

关于《担保函》的效力、魏某与郑某芳之间是否存在担保法律关系、魏某应否根据《担保函》承担担保责任等问题，不应在执行异议程序中处理，而且实际也没有在执行异议程序中处理。郑某芳随后提起本案之诉，本案案由为保证合同纠纷，通过另外的诉讼进行处理上述实体问题并不违反一事不再理原则。

魏某在执行异议程序中异议成立的理由为其向郑某芳出具《担保函》的行为并不构成执行担保的要件，而后在保证合同纠纷中魏某又主张该担保是发生在执行程序的过程中，不能适用普通担保的法律规定。由此看来，魏某的主张自身存在难以消解的矛盾。魏某向郑某芳出具《担保函》的法律行为只要是真实的，就需要履行相应的法律义务。假如魏某不履行义务，因此产生的纠纷不可能不接受任何法院的管辖。只要魏某出具承诺函的法律行为没被撤销或被法院确认为无效，就不会丧失法律约束力。因此，执行担保异议成立，不应该阻碍权利人另行提起普通担保之诉。

编写人：北京市西城区人民法院 曹源清

26

银行支行作为担保人的借款合同效力认定

——范某栋诉中国邮政储蓄银行股份有限公司邳州市八路镇支行保证合同案

【案件基本信息】

1. 裁判书字号

江苏省盐城市中级人民法院（2017）苏09民终4791号民事判决书

2. 案由：保证合同纠纷

3. 当事人

原告（被上诉人）：范某栋

被告（上诉人）：中国邮政储蓄银行股份有限公司邳州市八路镇支行（以下简称邮储银行八路镇支行）

【基本案情】

张某原系邮储银行八路镇支行的负责人，在其任职期间，于2014年7月11日以高息为诱饵，谎称帮助他人偿还贷款急需资金为由向范某栋借款，并出具借条一份，载明："今借到范某栋人民币（大写）贰佰贰拾万元整，¥2200000，定于2014年7月20日前归还，利率按月2%计算。若逾期归还，则由借款人或担保人自借款之日起按同期银行贷款利率的四倍计算利息至实际归还之日，并由借款人或担保人承担借款金额20%的违约金，并承担包括律师代理费在内的一切追款损失费用。因履行本借款合同发生纠纷，协商解决，协商不成，由大丰市人民法院管辖，借款人及担保人自愿放弃一切抗辩权。担保范围为上述全部债务，担保期限为借款到期之日起两年。此据，借款人张某，担保人处加盖中国邮政储蓄银行股份有限公司邳州市八路镇支行业务专用章（04）。"同日，张某与邮储银行八路镇支行共同向范某栋出具委托书一份，委托范某栋将所借款项打入户名为张硕的账户。范某栋于2014年7月11日将220万元分三次打入上述账户。委托书上邮储银行八路镇支行盖有“中国邮政储蓄银行股份有限公司邳州市八路镇支行业务专用章（04)”。

庭审中，邮储银行八路镇支行陈述借条及委托书中其印章为柜员保管及使用，该业务专用章在邮储银行八路镇支行并非一枚，张某使用“中国邮政储蓄银行股份有限公司邳州市八路镇支行业务专用章（04)”未经上级主管部门批准。

另查，张某因犯集资诈骗罪于2016年3月10日被邳州市人民法院判处有期徒刑十四年，张某犯罪所得钱款予以追缴，返还被害人。该判决书中查明的犯罪事实部分，认定2014年7月11日张某骗取范某栋220万元。邮储银行八路镇支行的经营范围不含对外担保的业务。范某栋请求判令邮储银行八路镇支行对张某的借款本金220万元以及该款相关的利息和合同约定的以借款金额20%计算的违约金承担连带保证责任。邮储银行八路镇支行不同意范某栋的全部诉讼请求。

【案件焦点】

1. 范某栋与张某之间的借款合同即主合同是否有效；2. 邮储银行八路镇支行为张某向范某栋借款提供担保是否成立。

【法院裁判要旨】

江苏省盐城市大丰区人民法院经审理认为：本案争议焦点是：一、范某栋与张某之间的借款合同是否有效？二、邮储银行八路镇支行为张某向范某栋借款提供担保是否成立？如成立，效力如何？

关于焦点一，张某与范某栋形成的民间借贷系双方当事人的真实意思表示，未违反法律、法规的强制性规定，系有效合同。范某栋如约支付借款后，张某应按约及时偿还本息。本案中，范某栋与张某既约定了利息，又约定了违约金，总计超过了年利率24%，超过的部分本院不予支持，依法应按年利率24%计算。因此，张某应当偿还的债务为本金220万元及按年利率24%计算的利息。

关于焦点二，担保合同成立。理由为：首先，张某在盖“业务专用章”时系邮储银行八路镇支行的负责人，并非一般柜员，范某栋有理由相信是履行职务的行为。其次，担保合同上盖有邮储银行八路镇支行的业务专用章。最后，即使是张某利用职务之便私自使用印章为其个人债务提供担保，未获得法人的授权，也并不能影响合同的成立，其仅是影响合同效力的因素。根据担保法司法解释相关规定，邮储银行八路镇支行不具备法人资格，系中国邮政储蓄银行股份有限公司的分支机构，其担保行为未经法人书面授权，且其经营范围不含担保，保证合同应为无效。邮储银行八路镇支行应承担相应的过错责任。邮储银行八路镇支行的营业执照载明的经营范围并不包括借款担保业务，范某栋与张某多次发生借贷业务，其对邮储银行八路镇支行有无对外担保经营范围未尽到谨慎审查的义务，应承担相应的过错责任。结合《最高人民法院关于适用〈中华人民共和国担保法〉若干问题的解释》第七条的相关规定，邮储银行八路镇支行承担民事责任的部分应为不能清偿部分的20%。

江苏省盐城市大丰区人民法院依照《中华人民共和国合同法》第八条、第五十二条，《中华人民共和国担保法》第五条、第十条、第十九条、第二十一条、第二十九条，《最高人民法院关于适用〈中华人民共和国担保法〉若干问题的解释》第七条、第十七条，《最高人民法院关于审理民间借贷案件适用法律若干问题的规定》第十三条、第十四条、第三十条，《中华人民共和国民事诉讼法》第一百四十二条之规定，作出如下判决：

一、被告中国邮政储蓄银行股份有限公司邳州市八路镇支行对案外人张某应给付原告范某栋的借款本金220万元以及220万元自2014年7月11日起至实际给付之日止按年利率24%计算的利息在张某不能清偿部分的范围内承担20%的赔偿责任。于本判决生效之日起三十日内履行完毕。

二、驳回原告范某栋的其他诉讼请求。

邮储银行八路镇支行提出上诉。

二审法院同意一审法院裁判意见，判决：

驳回上诉，维持原判。

【法官后语】

本案最大的争议焦点是担保合同成立与否及效力问题。审理中存在两种意见：一种意见认为担保合同不成立，一种意见认为担保合同成立但无效。

关于第一种意见，认为担保合同不成立，主要理由为：银行支行作为银行的分支机构，是没有权利为债务作出担保的，除非得到总行的书面授权。担保不是银行的真实意思表示，担保合同上盖的是银行业务专用章，且担保业务须经过银行主管部门的批准。张某虽为被告原负责人，但其加盖业务章而进行担保的行为超越了该行的营业范围，系超越职权的行为，该行为对银行不产生法律效力。故被告担保并不是银行的真实意思表示。

关于第二种意见，认为担保合同成立但无效，主要理由为：本案中借款人是该银行行长，是负责人，而不是一般的银行柜员，且原告在合同订立上是没有过错的，故担保合同应成立。担保合同的效力问题，根据《担保法》第十条"企业法人的分支机构、职能部门不得为保证人。企业法人的分支机构有法人书面授权的，可以在授权范围内提供保证"的规定，银行的业务范围具有特殊性，需要相关主管部门的批准，且本案被告的经营范围不含对外担保，被告担保行为也没有经过主管部门的批准。被告系法人的分支机构，不具备法人资格，因此本案的担保合同无效。

编写人：江苏省盐城市大丰区人民法院　陈春银　周婧

27

债务到期后担保人提供担保，保证期间和诉讼时效之法律适用

——张某娣诉周某芬等保证合同案

【案件基本信息】

1. 裁判书字号

江苏省扬州市中级人民法院（2016）苏10民初138号民事判决书

2. 案由：保证合同纠纷

3. 当事人

原告：张某娣

被告：周某芬、赵某辉、许某生

【基本案情】

2012年6月7日，张某娣作为甲方与扬州人家国际大酒店有限公司（以下简称大酒店公司）、扬州人家置业有限公司（以下简称置业公司）作为乙方签订了一份《还

款协议》。协议第一条确认张某娣已经分次实际出借给大酒店公司、置业公司以下资金：大酒店公司、置业公司分别于2008年4月30日、2010年11月5日、2011年11月29日向张某娣借款5470万元、3000万元、1500万元，上述借款合计9970万元，此款张某娣均已全额支付。协议第二条约定大酒店公司、置业公司应在2012年11月30日之前归还借款本金。第三条约定2013年4月30日前，本金和利息全部结清。大酒店公司将其坐落在扬州人家解放南路88号的不动产进行了不动产抵押登记。

2012年9月7日，上海市奉贤公证处作出了（2012）沪奉证执行字第0043号《执行证书》一份。内容载明：申请执行人张某娣于2012年8月27日向本处申请出具与被执行人大酒店公司、置业公司的《还款协议》的执行证书。经查，被执行人大酒店公司、置业公司与申请执行人张某娣于2012年6月7日签订《还款协议》，上述协议经本处公证赋予强制执行效力［公证书编号为（2012）沪奉证字第1540号］。根据上述协议约定，被执行人大酒店公司、置业公司应向申请执行人还款人民币玖仟玖佰柒拾万元整。上述协议的当事人约定：该协议经公证处公证，赋予强制执行效力。协议各方约定任何一方不履行协议规定的义务，愿意直接接受人民法院的强制执行。现应申请执行人张某娣的申请，根据《中华人民共和国民事诉讼法》《中华人民共和国公证法》的规定及申请执行人与被执行人的协议约定，特此出具此证书。申请执行人可持本证书向有管辖权的人民法院申请强制执行。

2013年4月19日，张某娣向江苏省高级人民法院递交强制执行申请书，请求法院依据（2012）沪奉证执行字第0043号《执行证书》强制执行。2013年7月29日，江苏省高级人民法院作出（2013）苏执字第0008号执行裁定书，裁定张某娣申请执行大酒店公司、置业公司借款纠纷一案指定南京市建邺区人民法院执行。

2014年8月31日，周某芬、赵某辉、许某生出具一份担保承诺书，内容载明：张某娣与大酒店公司、置业公司借款纠纷案，我们作为大酒店公司、置业公司的投资人和法定代表人，在张某娣与大酒店公司、置业公司于2012年6月7日签订的《还款协议》第3.4条中承诺自愿为大酒店公司、置业公司履行《还款协议》承担连带保证责任。现因大酒店公司、置业公司至今未履行《还款协议》第二条约定的还款义务，为此，我们承诺继续承担连带责任保证人义务至大酒店公司、置业公司向张某娣清偿全部债务之日为止。

2015年11月17日，张某娣向南京市建邺区人民法院申请追加赵某辉、周某芬、许某生为被执行人。2016年12月23日，南京市建邺区人民法院与张某娣作出执行笔录一份，告知张某娣不能直接在执行程序中追加周某芬、赵某辉、许某生为被执行人。

另查明，中国工商银行股份有限公司扬州分行与大酒店公司、周某芬、赵某辉、许某生金融借款合同纠纷一案经本院扬商初字第0083号民事判决书，判决：扬州人家酒店公司于判决生效之日起偿还中国工商银行股份有限公司扬州分行借款本金11860万元及相应利息，并判决如扬州人家酒店公司不履行上述债务，中国工商银行股份有限公司扬州分行有权对扬州人家酒店公司抵押给中国工商银行股份有限公司扬州分行的位于扬州市解放南路88号的房屋及土地使用权折价或者以拍卖、变卖该抵押物的价款优先受偿。经司法拍卖，扬州人家酒店公司解放南路88号部分房地产流拍。

【案件焦点】

被告周某芬、赵某辉、许某生是否应当为涉案债务承担连带保证责任。

【法院裁判要旨】

江苏省扬州市中级人民法院经审理认为：2014年8月31日，周某芬、赵某辉、许某生向张某娣出具书面承诺，承诺在张某娣与大酒店公司、置业公司2012年6月7日签订的《还款协议》中，自愿为大酒店公司、置业公司履行《还款协议》承担连带保证责任。该承诺系周某芬、赵某辉、许某生真实的意思表示，且不违反法律法规的规定，应当认定合法有效。

本案被告周某芬、赵某辉、许某生向债权人提供的担保，系在主债务履行期限届满之后，即债务均已到期之后提供的担保，不适用保证期间的规定，应直接适用诉讼时效的有关规定。被告周某芬、赵某辉、许某生在2014年8月31日作出承诺自愿承担连带担保责任之时，系主债务均已到期后。而保证期间作为一种除斥期间，系赋予债权人一种单方面的形成权利，是在权利尚未形成时设定的时间上的限制。本案债务的保证人周某芬、赵某辉、许某生因其提供担保的债权范围是确定的，其作出担保的意思表示一经债权人接受，债权人即已取得了实然的担保债权，即保证人对当时已经确定的债务向债权人承担担保责任，不存在债权人是否通过在一定期间内行使形成权将或然担保债权确定为实然担保债权的问题，故本案应直接使用诉讼时效的规定，被告周某芬、赵某辉、许某生应当自担保承诺书出具之日起两年内对涉案债务承担担保责任。原告张某娣于2015年11月17日向南京市建邺区人民法院申请追加周某芬、赵某辉、许某生为张某娣和大酒店公司、置业公司借贷案件的被执行人，故本案的诉讼时效应自该日起中断，并重新起算。原告后于2016年12月6日向本院提起诉讼并未超出诉讼时效，符合法律规定，依法予以支持。

因本案中张某娣与大酒店公司、置业公司的借贷关系中，主债务人大酒店公司提供了不动产抵押。原告张某娣主张在抵押资产不足清偿部分要求三被告承担担保责任，该请求符合法律规定。江苏省扬州市中级人民法院依照《中华人民共和国担保法》第十八条、第三十一条，《最高人民法院关于适用〈中华人民共和国担保法〉若干问题的解释》第十九条第一款、第二十条、第四十二条，《中华人民共和国民事诉讼法》第一百四十二条之规定，判决：

一、周某芬、赵某辉、许某生应在扬州人家国际大酒店有限公司提供的抵押财产不能清偿的范围内，对张某娣与扬州人家国际大酒店有限公司、扬州人家置业有限公司的涉案债务承担保证责任（以5000万元为限）；

二、周某芬、赵某辉、许某生承担保证责任之后有权向扬州人家国际大酒店有限公司、扬州人家置业有限公司追偿。

周某芬、赵某辉、许某生均未对该判决提起上诉。

【法官后语】

本案系连带责任担保人在债务到期之后提供担保是适用保证期间还是诉讼时效的典型案例。实践中此类案件并不常见，我国相关法律也未有明确的规定，学界对此也有不同的观点，这个案例提供了一个重要的分析样本。

一、保证期间设立的意义及立法目的

保证期间，是指保证人能够允许债权人不行使权利而仍然承担保证责任的期间。保证期间实质是一项保证人利益的制度，在立法上平衡债权人与保证人利益的结果。债权人及时行使权利对于保证人的利益是至关重要的，因为债务人的财产状况随时有可能发生变化。如果债权人在保证期间内及时对债务人提起诉讼或申请仲裁，可以有效控制和执行债务人的财产。立法必须根据诚实信用原则设立相应的制度，对双方的利益作出合理的平衡，而保证期间即为其中一项重要的衡平措施。保证期间的设立就是为了敦促债权人积极行使权利，债权人和保证人的最终利益都能得到有效的保障。

二、保证期间及保证合同诉讼时效的性质

关于保证期间的性质，学界主要有两种观点：一是诉讼时效说。持诉讼时效说的学者们认为保证期间在法律性质上，是诉讼时效的一种特殊形态。二是除斥期间说，持除斥期间说的学者们认为保证期间终结消灭的是实体权利，其法律性质是除斥期间。

目前主流观点采纳除斥期间说的主要理由为：第一，因为除斥期间是指法律规定的某种权利存续的期间，当期间届满时该权利消灭。而保证期间是保证人承担保证责任的期间，在保证期间内，债权人不向保证人行使请求权的，期间届满，保证人的保证责任即被免除。第二，保证期间的长短可由当事人约定，而诉讼时效期间是强制性规定，不允许当事人以意思加以改变。

诉讼时效是指民事权利受到侵害的权利人在法定的时效内不行使权利，当时效期间届满时债务人获得诉讼时效抗辩的权利。诉讼时效可以督促当事人及时行使权利。法律并不保护睡眠于权利上的人，而只保护积极行使权利的人，诉讼时效可以促使权利人积极行使权利，促进财产效用的发挥和社会经济的正常运转 。保证合同诉讼时效是指债权人在法定期间内不行使权利，持续达到一定期间而致使其担保权消灭的法律事实。

三、事后担保适用诉讼时效的理论逻辑分析

保证合同诉讼时效和保证期间是完全不同的两个概念。保证期间系赋予债权人一种单方面的形成权利，是在权利尚未形成时在时间上设定的限制。保证期间制度设置的立法目的在于赋予债权人在保证期间内行使形成权，将原享有的或然担保债权转化为实然担保债权，进而享有对担保人的请求权。保证期间适用的前提是保证人在作出担保的意思表示时，对于提供担保之后是否承担保证责任，以及需要在多大范围内承担保证责任均处于未知或不特定状态。保证期间设置的根本意义在于赋予债权人在保证期间内行使形成权，将或然担保债权转化为实然担保债权，进而享有对担保人的请求权。法律通过设置保证期间这个制度，赋予债权人在条件成就时，通过行使形成权来确定其权利的最终内容，即将或然担保债权转化为实然担保债权。

前述案例所涉及的是保证人在主债务均已到期后，向债权人作出的对债务人实际未偿还部分提供担保的意思表示。保证人在作出担保的意思表示时，其提供担保的债权范围是确定的及具体的，其作出担保的意思表示一经债权人接受，债权人就已取得了实然的担保债权。保证人对已经确定的债务向债权人作出了愿意承担担保责任的意思表示，不存在债权人是否通过在一定期间内行使形成权将或然担保债权确定为实然担保债权的问题。在此情况下，保证期间已失去其存在的意义。故在法律意义上，不再需要通过适用保证期间制度来确定债权人是否对担保人享有担保债权。故债权人对保证人的债权请求权的实现从而转由受诉讼时效的约束。综上，笔者认为债务到期后保证人自愿为该到期债务承担担保责任，但未对主债务履行期重新进行约定的情形下，债权人对保证人的请求权应当直接适用诉讼时效的规定。

编写人：江苏省扬州市中级人民法院　陈晓珺

28

认定保证方式应考察保证条款整体文义

——李某诉王某保证合同案

【案件基本信息】

1. 裁判书字号

重庆市巴南区人民法院（2016）渝 0113 民初 14030 号民事判决书

2. 案由：保证合同纠纷

3. 当事人

原告：李某

被告：王某

【基本案情】

2016 年 4 月 22 日，被告王某自愿在其父母王某福、邓某勤向原告李某出具的借条上书写“我自愿为我父母王某福、邓某勤在李某处借款壹佰肆拾玖万肆仟元（1494000 元）承担担保责任。若我父母在 2016 年 5 月 15 日前不能归还该借款，由我承担担保责任。担保人：王某，2016.4.22”。之后，王某福等并未按约返还借款，原告李某多次催收未果，遂起诉被告王某承担保证责任。

【案件焦点】

被告王某承担一般保证责任，还是连带保证责任。

【法院裁判要旨】

重庆市巴南区人民法院经审理认为：原告与王某福、邓某勤之间的民间借贷关系应受到法律保护。借款人王某福、邓某勤到期未按约偿还借款本金，被告王某为借款提供保证担保，在保证期间内应承担保证责任。根据《中华人民共和国担保法》第十六条的规定，保证的方式有一般保证和连带责任保证。当事人在保证合同中约定，债务人不能履行债务时，由保证人承担担保责任的，为一般保证。连带责任保证和一般保证的根本区别就是保证人是否享有先诉抗辩权，即债权人是否必须先行对主债务人主张权利并经强制执行仍不能得到清偿时，方能要求保证人承担保证责任。本案中，被告王某在保证条款中使用的“不能”字样，是与确定的期限即“2016年5月15日前”结合在一起使用的，仅是表明在2016年5月15日前不能偿还即产生保证责任，不能将其理解为债务人客观上无力偿还借款时产生保证责任的约定。因此，本案中的保证方式应认定为连带保证责任。

重庆市巴南区人民法院依据《中华人民共和国合同法》第二百零五条、第二百零六条、第二百零七条，《中华人民共和国担保法》第六条、第十七条，《最高人民法院关于适用〈中华人民共和国合同法〉若干问题的解释（二）》第二十条，《最高人民法院关于审理民间借贷案件适用法律若干问题的规定》第二十九条第一款，《中华人民共和国民事诉讼法》第六十四条第一款、第一百四十四条，《最高人民法院关于民事诉讼证据的若干规定》第二条之规定，作出如下判决：

一、被告王某偿还原告李某借款本金1382000元，并给付借款利息174153.34元；

二、被告王某给付原告李某逾期利息；

三、驳回原告李某的其他诉讼请求。

【法官后语】

本案处理的重点是保证方式的认定。一般保证的保证人在主债务未经审判或仲裁，并就债务人财产依法强制执行仍不能履行债务前，对债权人可以拒绝承担保证责任。在实践中，由于法律知识的缺乏，人们不一定知道一般保证责任和连带保证责任的区别，达成的担保条款中往往没有直接明确保证责任方式，这给司法实践带来困扰。《最高人民法院关于涉及担保纠纷案件的司法解释的适用和保证责任方式认定问题的批复》确立了一般保证和连带责任保证的区别原则，即当保证责任产生于债务人“不履行”债务时为连带责任保证，产生于“不能履行”债务时为一般保证。本案的担保条款中虽含有“不能”二字，但应当与“2016 年 5 月 15 日前”这一时间要素结合起来理解，通过对保证条款的整体文义考察可知，此处“不能”一词并非指“不能履行”，而与“不履行”的含义更为接近。因此，法院依法认定本案的保证方式为连带责任保证，并判决保证人承担保证责任。

编写人：重庆市巴南区人民法院　席朝阳

29

保证期间届满后的还款承诺形成新担保合同关系

——李某斌诉王某、郭某勇民间借贷案

【案件基本信息】

1. 裁判书字号

云南省昆明市五华区人民法院（2016）云 0102 民初 1929 号民事判决书

2. 案由：民间借贷纠纷

3. 当事人

原告：李某斌

被告：王某、郭某勇

【基本案情】

2014 年 7 月 21 日，被告王某向原告李某斌出具《借据》一份，载明：王某因资金周转原因向李某斌暂借人民币 900 万元，期限为 2014 年 7 月 21 日至 2014

年 9 月 20 日；约定借款抵押物为借款方自有的两套别墅；并由郭某勇出具全权担保人；被告郭某勇作为担保人在《借据》上签字。2014 年 7 月 21 日、23 日，原告李某斌分别向被告王某银行账户转账人民币 500 万元、400 万元交付了借款。2015 年 11 月 9 日，被告郭某勇向案外人杨某应出具《委托书》一份，委托案外人杨某应变卖其位于盘龙区东白沙河水库北部东鸣佳苑 A18 幢 × 号商品房，变卖所得款项归还杨某应 100 万元，剩余部分金额归还李某斌，原告李某斌、被告王某亦作为“当事人”在《委托书》上签字捺印。原告李某斌在本案诉讼及庭审中自认被告王某已偿还借款本金人民币 100 万元，剩余本金 800 万元至今未归还。

原告李某斌向云南省昆明市五华区人民法院提出诉讼请求：1. 由被告王某立即偿还原告借款本金人民币 800 万元，并支付从 2014 年 9 月 20 日起至 2016 年 3 月 20 日止按年利率 6% 计算的利息 72 万元；2. 由被告郭某勇对被告王某的上述借款本息承担连带偿还责任；3. 本案诉讼费、保全费由二被告承担。

被告王某未到庭应诉，亦未提交答辩意见。被告郭某勇辩称：1. 原告诉称被告郭某勇是实际借款人是错误的，被告郭某勇仅是本案借款的保证人；2. 本案没有约定保证期间，属于一般保证，期限为六个月；本案的保证期间已经超过，该期间是除斥期间，原告没有在保证期间内提出诉讼或仲裁，该保证期间已经失效，请求驳回原告对被告郭某勇的全部诉讼请求。

【案件焦点】

本案争议焦点在于如何认定被告郭某勇的保证责任问题。

【法院裁判要旨】

云南省昆明市五华区人民法院经审理认为：关于被告王某的还款责任。首先，被告王某与原告李某斌以书面《借据》的形式设立民间借贷法律关系，借款合同依法成立，原告交付款项并提供相应证据材料，借款合同生效。其次，原告自认被告王某已经偿还 100 万元，法院对原告主张被告王某应当向其偿还 800 万元借款本金的诉讼请求予以支持。最后；《借据》中未约定借款利息及逾期还款利息，原告主张自逾期还款之日起至 2016 年 3 月 20 日止按照年利率 6% 支付利息，即资金占用的损失，该主张符合相关法律规定，法院依法予以支持。

关于被告郭某勇的保证责任。第一，关于《借据》中约定的保证责任：被告郭某勇作为保证人在《借据》中签字，当事人对保证方式以及保证期限没有约定，按照法律规定，被告郭某勇应当按照连带责任保证方式对原告与被告王某之间的借款债务承担保证责任，原告应当在自主债务履行期届满之日起六个月的保证期间内要求保证人郭某勇承担保证责任，但在该期限届满前没有任何有效证据证明原告要求保证人承担保证责任，《借据》中约定的保证人郭某勇的保证责任已经免除。第二，关于《委托书》中被告郭某勇的真实意思表示能否构成保证责任问题：首先，本案《借据》中确定的保证期限届满之后，被告郭某勇于2015年11月9日向案外人杨某应出具了《委托书》，委托案外人杨某应变卖房屋并将变卖所得款项归还杨某应100万元后剩余部分金额归还原告，被告郭某勇在庭审后法院依法调查询问中自认，《委托书》中载明的“剩余部分金额归还李某斌”的真实意思表示为就变卖房屋余款对李某斌与王某之间的2014年7月21日借款合同承担担保责任，法院认为，被告郭某勇在《委托书》中的真实意思表示已经构成了法律上的保证责任，其保证责任系《借据》约定的保证责任在法律事实上的承继，虽然根据《委托书》的真实意思表示设立的保证责任时间晚于主债务履行期限届满六个月之后，甚至根据前《借据》约定的保证责任已经免除，但是，“法不禁止即自由”，现行法律、法规没有禁止债务履行期届满后不能签订保证合同，或者前一保证合同失效情况下不能在主借款合同合法有效的情况下再次设立作为从合同的保证合同，因此法院确认被告郭某勇与原告、被告王某之间根据其在《委托书》中的真实意思表示，再次或重新通过简易方式设立保证合同，该保证合同依法成立并生效。其次，关于保证方式，该简易方式设立的保证合同并未明确约定保证方式，根据相关法律规定，被告郭某勇应当按照连带责任保证方式承担保证责任。再次，关于保证范围，根据《委托书》约定被告郭某勇就卖房款减去100万元的剩余部分金额承担保证责任，即《委托书》约定的保证范围为“剩余部分金额”，但是由于《委托书》并未确定卖房的时间或期间，房屋价格自始就无法确定，即保证还款金额自始就没有明确，同时庭审中被告郭某勇也不能明确该还款的具体数额，故《委托书》约定的保证责任范围不明确，根据相关法律规定，保证人郭某勇应当对全部债务承担保证责任。最后，关于保证期间，《委托书》并未约定保证期间，根据相关法律规定，保证期间为自主债务履行期届满之日起六个月内，法院认为，期限届满是针对期限的终期而言，期限届满之日起时效效果已经产生，故期限届满系自期限终期开始的一个持续状态而非一个时间点，当主债务履行期限届满的状态在持续时，保证期间的起算点应当推至主债务履行期限届满截止点，同时，保证人郭某勇在出具《委托书》时已经知道主债务的履行期限已届满，其再次或重新自愿承担保证责任的行为并没有增加其风险，也没有违反其本意，因此，应当从通过简易方式设立保证合同生效之次日起，即应当从被告郭某勇出具《委托书》之次日起开始计算保证期间，保证期间为2015年11月10日起至2016年5月10日止，原告于2016年4月6日起诉请求被告郭某勇承担保证责任，法院依法予以支持。综上所述，被告郭某勇应当对被告王某与原告之间借款本金800万元以及逾期还款利息72万元的债务承担连带保证责任。

需要特别说明的是，云南省昆明市五华区人民法院在本案中仅处理涉及原告、二被告之间关于借款合同及保证合同法律关系问题，并不涉及处理被告郭某勇与案外人杨某应之间关于委托及其他法律关系问题。

云南省昆明市五华区人民法院依照《中华人民共和国合同法》第一百九十六条、第二百零六条、第二百零七条、第二百一十条，《中华人民共和国担保法》第十九条、第二十六条，《最高人民法院关于适用〈中华人民共和国担保法〉若干问题的解释》第三十二条，《最高人民法院关于审理民间借贷案件适用法律若干问题的规定》第二十九条和《中华人民共和国民事诉讼法》第六十四条、第一百一十八条、第一百四十四条之规定，判决如下：

一、由被告王某于本判决生效之日立即偿还原告李某斌借款本金人民币800万元及逾期还款利息人民币72万元；

二、由被告郭某勇对被告王某前项还款义务承担连带清偿责任；被告郭某勇承担保证责任后，有权向被告王某追偿。

【法官后语】

保证期间届满后的还款承诺因法律事实上的承继形成新担保合同关系。根据以上分析，保证期间届满以后保证权实体权利消灭，因此之后的还款承诺并不是原保证期间的延续，而是形成新的保证合同关系，新的保证合同与保证期间已届满的原保证合同之间存在法律事实上的承继，其担保的主债权应当认定为原担保的主债权。因此，类似案件的审理思路可归纳如下：1. 应当明确，保证人自愿履行的，不受期间限制；《民法通则》规定超过诉讼时效期间，当事人自愿履行的，不受诉讼时效限制，从立法目的及整个法律体系的理论来理解，保证期间经过的，保证人同意履行的，也不应当受原保证期间的限制；同意履行包括三种情形：表示自愿履行并已经履行完毕、表示自愿履行但尚未履行、表示自愿履行但尚未履行，并事后反悔，根据《民法通则》的规定，可能发生的法律效果为：一是保证人自愿履行完毕的，不得要求返还；二是保证人表示自愿履行但尚未履行，以保证期间已过进行抗辩，法院不予支持。2. 明确保证人承诺系“承认债务事实存在”还是“同意履行债务”，前者不构成保证人对时效抗辩的抛弃，因此不能形成新的保证合同，后者构成对时效抗辩权的抛弃。3. 新保证合同对保证方式、保证范围及保证期间有“同意”的，按照新的承诺，没有约定或约定不明的，按照担保法相关规定，按照连带责任保证方式、保证范围为全部债务、期间为自主债务履行期届满之日起六个月内。4. 显然这种情况下原保证期间即主债务履行期届满之日起六个月已经届满，这时应当明确，期限届满是针对期限的终期而言，期限届满之日起时效效果已经产生，故期限届满系自期限终期开始的一个持续状态而非一个时间点，当主债务履行期限届满的状态在持续时，保证期间的起算点应当推至主债务履行期限届满截止点，保证人同意履行是其真实意思表示且未增加其风险，因此，新保证合同的保证期间应当为自“同意履行”的意思表示作出之次日起六个月内。5. 保证人“同意履行”系其单方民事法律行为，因此只要其有此对外表示，不论其向谁为“同意履行”行为，都是有效的承诺，因此本案并不审查保证人与第三人之间《委托书》中的委托合同关系，仅审查保证人同意履行保证责任的意思表示。

编写人：云南省昆明市五华区人民法院　曾凌杰　朱娟

30

保证合同的诉讼时效与保证期间的区分

——李某生诉李某升、张某鹏民间借贷案

【案件基本信息】

1. 裁判书字号

河北省唐山市曹妃甸区人民法院（2017）冀0209民初1249号民事判决书

2. 案由：民间借贷纠纷

3. 当事人

原告：李某生

被告：李某升、张某鹏

【基本案情】

2015年2月5日，被告李某升向原告借款20000元。被告担保人张某鹏承担偿还借款以及违约金的连带责任。到了约定还款日期，被告仍未偿还原告借款。原告多次找到被告，要求被告偿还全部借款以及违约金，被告予以拒绝。故此原告起诉至法院，请求法院判令二被告偿还原告借款20000元，自起诉之日起到借款还清之日止按照年利率24%计付违约金。

被告张某鹏认为，借款是从2015年2月5日签的借条，当时约定借款期限一个月，距离现在已经过了两年零三个月，其对欠款不再承担任何还款责任。

【案件焦点】

本案债务是否已超保证期间，被告张某鹏作为保证人是否对本案的债务承担连带清偿责任。

【法院裁判要旨】

河北省唐山市曹妃甸区人民法院经审理认为：原、被告之间的债权债务关系明

确。被告李某升经本院合法传唤未到庭，亦不对原告提交的证据进行质证，应当视为对原告提交证据的认可。被告张某鹏为杜某涛、李某升的借款行为提供了担保保证，且约定了保证方式为连带责任保证。借款人李某升应及时履行还款义务，被告张某鹏应当承担相应的保证责任。被告张某鹏在履行完代偿义务后，有权向借款人进行追偿。原、被告未约定借款利息、借款期限等，原告要求给付违约金 5400 元，并以借款 20000 元为本金自起诉之日起至借款付清之日止按年利率 24% 计算利息，于法无据，本院不予支持，应自原告起诉之日按年利率 6% 计算利息。被告李某升经本院传票传唤，无正当理由拒不到庭，应当依法缺席判决。

河北省唐山市曹妃甸区人民法院依据《中华人民共和国民法通则》第一百零八条，《中华人民共和国担保法》第二十六条第一款，《最高人民法院关于审理民间借贷案件适用法律若干问题的规定》第二十七条、第二十九条，《中华人民共和国民事诉讼法》第一百四十四条之规定，判决如下：

一、被告李某升于本判决生效之日起三日内向原告李某生偿还借款 20000 元，并自 2017 年 4 月 13 日起至借款付清之日止按照年利率 6% 支付资金占用期间的利息；

二、被告张某鹏对本判决第一项中的债务承担连带责任；

三、驳回原告的其他诉讼请求。

【法官后语】

民间借贷合同的债权人在与债务人签订借款合同的同时，为了更好地保证权利实现，往往要求债务人提供保证人对主债务予以担保。

根据《担保法》第十六条至第十九条的规定，保证的方式有一般保证与连带保证两种。当事人在保证合同中预定，债务人不能履行债务时，由保证人承担保证责任的，为一般保证。一般保证的保证人在主合同纠纷未经审判或者仲裁，并就债务人财产依法强制执行仍不能履行债务前，对债权人可以拒绝承担保证责任。当事人在保证合同中约定保证人与债务人对债务承担连带责任的，为连带责任保证。连带责任保证的债务人在主合同规定的债务履行期届满没有履行债务的，债权人可以要求债务人履行债务，也可以要求保证人在其保证范围内承担保证责任，还可以将债务人和保证人作为共同被告提起诉讼，也可以单独起诉债务人或保证人。本案中，张某鹏作为保证人在借条上签字，且当事人之间并未约定担保的方式，所以，应认定张某鹏对债务承担连带保证责任。

当债务人或保证人不能按时还款时，有的债权人对诉讼时效与保证期间难以区分，往往误认为保证期间与诉讼时效是一个概念，这样有时会导致债权人在保证期间内未向保证人主张权利，使得保证人不承担保证责任，而债务人却无力偿还的情形。

所谓诉讼时效，是指权利人请求人民法院以强制程序保护其合法权益而提起诉讼的法定有效期限。《民法总则》第一百八十八条规定“向人民法院请求保护民事权利的诉讼时效期间为三年……”只要债权人在债权到期后的三年内向债务人主张权利，就可以使诉讼时效中断，从中断时起，诉讼时效期间重新计算。保证期间是担保债权的存续期间，涉及债权人与保证人之间的债权能否履行，也是确定保证期间与诉讼时效关系的依据。《最高人民法院关于适用〈中华人民共和国担保法〉若干问题的解释》第三十一条规定：“保证期间不因任何事由发生中断、中止、延长的法律后果。”说明保证期间是除斥期间，除斥期间是法律规定的某种权利的存续期间，期间届满后，权利归于消灭。

《担保法》第二十六条规定：“连带责任保证的保证人与债权人未约定保证期间的，债权人有权自主债务履行期限届满之日起六个月内要求保证人承担保证责任。在合同约定的保证期间和前款规定的保证期间，债权人未要求保证人承担保证责任的，保证人免除保证责任。”本案中，被告张某鹏主张曾约定还款期限，但是在借条上并未注明还款期限，也未约定保证期间。

综上，在民间借贷中，担保人为债权人作保证时必须明确担保的法律责任和担保的种类，在作保证之前，要根据自己的实际情况和真实意图，对担保的方式、范围作个明确的约定，否则要承担对自己不利的后果。债权人应明确诉讼时效与保证期间，及时主张权利。

编写人：河北省唐山市曹妃甸区人民法院　杨坤

31

保证合同中格式条款与非格式条款冲突时的认定

——福鼎市泰益小额贷款股份有限公司诉福鼎市三江房地产开发有限公司等民间借贷案

【案件基本信息】

1. 裁判书字号

福建省福鼎市人民法院（2016）闽0982民初3406号民事判决书

2. 案由：民间借贷纠纷

3. 当事人

原告：福鼎市泰益小额贷款股份有限公司（以下简称泰益小贷公司）

被告：福鼎市三江房地产开发有限公司（以下简称三江房地产公司）、蒋某成、徐某亩

【基本案情】

2014年6月20日，泰益小贷公司与三江房地产公司、蒋某成、徐某亩签订（2014）泰益保借字第62号《最高额保证借款合同》，约定：1. 泰益小贷公司在2014年6月20日至2014年12月20日期间内，在最高贷款余额3000000元内向三江房地产公司提供贷款，执行固定利率即月利率20‰。每笔贷款的金额、用途、期限、利率和还款方式以借款借据为准。借款借据作为本合同的组成部分，与本合同具有同等法律效力。2. 保证担保范围：包括主合同项下主债权本金、利息、罚息、违约金、损害赔偿金、实现债权的一切费用（包括但不限于律师代理费）。保证方式为连带保证责任。保证期间为主合同约定的债务履行期限届满之日起二年。3. 因借款人违约致使贷款人采取诉讼方式实现债权的，借款人和保证人应当承担贷款人为此支付的律师费及其他实现债权的费用。蒋某成在合同上签字为该笔借款提供连带责任担保，徐某亩亦在合同中签字，但注明“本人同意以公司股份作担保”。

当日三江房地产公司向泰益小贷公司分三次每次申请借款1000000元共计3000000元，并与三江房地产公司基于《最高额保证借款合同》签订三份《借款借据》，载明“借款用途购买建材，借款期限六个月，月利率20‰”。泰益小贷公司依约通过其公司银行账户向三江房地产公司指定账户“福鼎市福昌矿业有限公司”分三次汇付共计借款3000000元，履行了借款交付义务。三江房地产公司借款后未偿还借款本息，保证人亦未承担保证责任，泰益小贷公司催讨未果诉至本院。

另查明，泰益小贷公司为实现本案债权共支出律师代理费30000元。

【案件焦点】

保证合同中格式条款与非格式条款冲突时的认定。

【法院裁判要旨】

福建省福鼎市人民法院经审理认为：泰益小贷公司主张三江房地产公司结欠其借款3000000元，事实清楚，证据确实、充分，双方当事人依此确定的借贷合同法律关系依法予以保护。三江房地产公司主张借款后已偿还本金2493063元，与经认证的在案证据相矛盾，又无证明该主张的相应举证，对此本院不予采纳。泰益小贷公司要求三江房地产公司依约按照月利率2%支付借款利息，双方间的约定未超过法律对利息的限制，予以支持。泰益小贷公司要求三江房地产公司支付其因本案诉讼付出的律师代理费，系双方约定内容，亦不违反法律，予以支持。蒋某成在《最高额保证借款合同》上签字，自愿为上述借款提供连带保证担保，应对上述款项承担连带偿还责任，泰益小贷公司的该项主张予以支持。泰益小贷公司主张徐某亩作为连带责任保证人应承担连带还款责任，徐某亩辩称其在合同中明确注明以其公司股份提供担保，个人不承担连带保证责任。本院认为，双方间订立的该份《最高额保证借款合同》系格式合同，徐某亩以手书形式在合同中写明“本人同意以公司股份作担保”，该条款系其亲笔所写，应视为真实意思表示，合同并经各方签字确认，合意形成，属格式合同中的非格式条款，效力优于合同中其他格式条款，可以认定双方作出了以徐某亩的公司股权出质作为借款担保的约定。质权依法自工商行政主管部门办理出质登记时设立，本案各方未对该出质股权进行登记，不能认定质权已设立。泰益小贷公司要求徐某亩承担连带保证责任的诉讼请求，不予支持。

福建省福鼎市人民法院依照《中华人民共和国民法通则》第九十条、第一百零八条，《中华人民共和国合同法》第四十一条、第六十条、第二百零六条、第二百一十一条第二款，《中华人民共和国担保法》第十八条、第十九条、第二十一条，《中华人民共和国物权法》第二百二十六条第一款，《最高人民法院关于审理民间借贷案件适用法律若干问题的规定》第二十六条第一款，《最高人民法院关于适用〈中华人民共和国担保法〉若干问题的解释》第一百二十六条，《中华人民共和国民事诉讼法》第六十四条第一款、第一百四十四条的规定，判决如下：

一、福鼎市三江房地产开发有限公司应于本判决生效之日起十五日内偿还福鼎市泰益小额贷款股份有限公司借款本金人民币3000000元及利息（自2014年6月21日起至实际还款之日止按月利率2%计付），并支付福鼎市泰益小额贷款股份有限公司为实现本案债权支出的律师代理费30000元；

二、蒋某成对上述还款承担连带偿还责任；

三、驳回福鼎市泰益小额贷款股份有限公司其他诉讼请求。

【法官后语】

本案涉及两个问题：一是格式条款与非格式条款冲突时的认定问题；二是质权设立的条件。

一、担保合同中格式条款与非格式条款冲突时的认定

除却私人之间小额借贷用手书的借条外，民间借贷中越来越多的人倾向于提供具有一定模板格式的合同，格式合同在银行、小额贷款公司中尤为普遍。实践中，合同当事人之间在签订合同时会就一些具体内容进行协商，订立一些非格式条款，这些非格式条款可能与贷款公司预先制定的格式条款不一致。当二者出现冲突时，非格式条款的效力如何认定，成为一个关键性问题。

根据合同订立的一般原理，当事人之间可以作出不同于格式条款的约定。非格式条款在格式合同中通常以“特别约定”条款的面目出现。依理，既然称之为“特别约定”，则应当是缔约双方当事人经过磋商后特别作出的约定，而且，由于非格式条款是由当事人在格式条款之外临时动议的结果，它能够比格式条款更加真实地代表双方当事人的意思表示，应当最能体现当事人的真实意思，也正因为此，特

别约定条款才具有了优于其他条款的效力之正当性基础。但在具体的司法实践中，也应注意甄别一方合同当事人利用“特别约定”条款打法律的擦边球行为，对合同相关内容单方作出变更，以限制对方的合法权益。因此，必须明确“特别约定”条款系反映双方当事人缔约过程中协商一致的内容。

需要注意的是，非格式条款优于格式条款，不能简单机械地理解成只要非格式条款与格式条款不一致，就绝对地以非格式条款取代格式条款。在两者实质上对立冲突、必须作出取舍时，应当依照司法解释的规定，采用非格式条款。但是，如果格式条款与非格式条款并不存在实质性矛盾，则非格式条款与格式条款应当同时适用。因此在司法实践中对于格式条款与非格式条款形式上的不一致，需作进一步的具体分析。

本案中原告泰益公司与被告徐某亩之间订立的该份《最高额保证借款合同》系格式合同，徐某亩以手书形式在合同中写明“本人同意以公司股份作担保”，该条款系其亲笔所写，应视为真实意思表示，合同并经各方签字确认，合意形成，属格式合同中的非格式条款，效力优于合同中其他格式条款，可以认定双方作出了以徐某亩的公司股权出质作为借款担保的约定。

二、质权设立的条件

依据《物权法》第二百二十六条第一款规定：“以基金份额、股权出质的，当事人应当订立书面合同。以基金份额、证券登记结算机构登记的股权出质的，质权自证券登记结算机构办理出质登记时设立；以其他股权出质的，质权自工商行政管理部门办理出质登记时设立。”因此，质权依法自工商行政主管部门办理出质登记时设立，本案被告徐某亩以公司股份为该笔借款提供担保，但签订合同后各方未对该出质股权进行登记，不能认定质权已设立。因此作出上述判决。

编写人：福建省福鼎市人民法院　夏金莲

32

亲属间借款中夫妻共同债务、保证责任如何认定

——吴某堂诉石某龙等民间借贷案

【案件基本信息】

1. 裁判书字号

湖南省涟源市人民法院（2016）湘1382民初2366号民事判决书

2. 案由：民间借贷纠纷

3. 当事人

原告：吴某堂

被告：石某龙、钟某舞、张某见

【基本案情】

被告张某见系原告吴某堂的妹夫，在涟源市城区经营书店，被告石某龙经营印刷厂，被告张某见与被告石某龙因此认识。2010年3月，被告石某龙以开办矿山为由，要被告张某见帮忙借款。被告张某见就向原告吴某堂借款，原告吴某堂于2010年3月7日汇款30万元、2010年3月8日汇款10万元给被告石某龙，先由被告张某见出具借据给吴某堂。后来，被告石某龙到湖北搞工程，被告张某见打电话给原告吴某堂，要求再借10万元给被告石某龙，原告吴某堂又于2011年3月13日汇给被告石某龙10万元。后被告石某龙没有及时还款，就于2012年10月5日出具内容为“今借到吴某堂人民币伍拾万元整（500000元），按月息2%计息，12月31号前还本金10万元”的借据给原告吴某堂，同时，被告石某龙还就所欠利息出具内容为“今借到吴某堂人民币利息壹拾叁万陆仟元正（136000），2012年12月20日归还”，及内容为“今借到吴某堂人民币利息壹万肆仟元整（14000），2012年12月30日归还”的借据给原告吴某堂，被告张某见在借据上均作为担保人签名，并注明“此款在还清之前，本人承担连带担保责任”。此后，被告石某龙仅于2013年

7月1日转账6.38万元给原告吴某堂，于2014年9月16日通过被告张某见转交1万元给原告吴某堂。2014年12月，被告石某龙未及时还款后，原告吴某堂要求被告张某见还款。

【案件焦点】

被告张某见是否应当对借款本金及利息承担连带清偿责任。

【法院裁判要旨】

湖南省涟源市人民法院经审理认为：被告石某龙向原告吴某堂借款，双方形成了合法的民间借贷关系。2012年10月5日，被告石某龙向原告吴某堂出具借条，约定按月利率2%付息，并约定其中10万元借款限期偿还，不违背法律规定，被告石某龙应当按照约定还款，并支付利息；被告石某龙还就前期所欠利息出具借据，并约定偿还期限，应当及时偿还。被告石某龙于2013年7月1日付款6.38万元，于2014年9月16日付款1万元，合计7.38万元，均未表明是支付利息还是偿还本金，应当列抵2012年10月5日前所欠利息（合计15万元）。被告石某龙与被告钟某舞系夫妻关系，根据《最高人民法院关于适用〈中华人民共和国婚姻法〉若干问题的解释（二）》的规定：债权人就婚姻关系存续期间夫妻一方以个人名义所负债务主张权利的，应当按夫妻共同债务处理。现原告吴某堂要求被告石某龙、钟某舞共同偿还借款及其利息，于法有据，本院应予支持。被告张某见在借款中提供保证，但未约定保证方式，应当按照连带责任保证承担保证责任；被告张某见在借据上注明“此款在还清之前，本人承担连带担保责任”，应视为对保证期限约定不明，其保证期间为主债务履行期届满之日起二年，因此，被告张某见应当对借款本金及利息承担连带清偿责任，被告张某见承担保证责任后，有权向被告石某龙、钟某舞追偿。至于被告石某龙、钟某舞经本院合法传唤无正当理由拒不到庭参加诉讼，视其放弃相应的诉讼权利，不影响本院依据查明的事实依法作出裁判。

湖南省涟源市人民法院依照《中华人民共和国合同法》第二百零五条、第二百零六条、第二百一十一条，《中华人民共和国担保法》第十八条第二款、第十九条、第三十一条，《最高人民法院关于适用〈中华人民共和国婚姻法〉若干问题的解释（二）》第二十四条，《最高人民法院关于审理民间借贷案件适用法律若干问题的规定》第二十六条第一款,《最高人民法院关于适用〈中华人民共和国担保法〉若干问题的解释》第三十二条第二款及《中华人民共和国民事诉讼法》第一百四十四条之规定,作出如下判决:

一、被告石某龙、钟某舞在本判决生效后十日内偿还原告吴某堂借款本金50万元,并按月利率2%支付自2012年10月5日至实际清偿之日的利息;

二、被告石某龙、钟某舞在本判决生效后十日内偿还原告吴某堂2012年10月5日前的借款利息15万元(已付7.38万元);

三、在本判决生效后十日内,被告张某见对上述借款及利息承担连带清偿责任,在向原告吴某堂清偿后,被告张某见可向被告石某龙、钟某舞追偿。

【法官后语】

关于夫妻共同债务的问题。《最高人民法院关于适用〈中华人民共和国婚姻法〉若干问题的解释(二)》第二十四条第一款规定:"债权人就婚姻关系存续期间夫妻一方以个人名义所负债务主张权利的,应当按夫妻共同债务处理。但夫妻一方能够证明债权人与债务人明确约定为个人债务,或者能够证明属于《婚姻法》第十九条第三款规定情形的除外。"在本案中,被告石某龙与被告钟某舞系夫妻关系,借款也发生在双方夫妻关系存续期间内,且被告钟某舞在法定的期限内未向本院提供证据证明该借款系被告石某龙的个人债务或证明属于《婚姻法》第十九条第三款规定情形,故可以认定为该债务系夫妻共同债务。

关于担保责任的问题。《中华人民共和国担保法》第十八条规定:"当事人在保证合同中约定保证人与债务人对债务承担连带责任的,为连带责任保证。连带责任保证的债务人在主合同规定的债务履行期届满没有履行债务的,债权人可以要求债务人履行债务,也可以要求保证人在其保证范围内承担保证责任。"以及第十九条规定:"当事人对保证方式没有约定或者约定不明确的,按照连带责任保证承担保证责任。"第三十一条规定:"保证人承担保证责任后,有权向债务人追偿。"在本案中,被告张某见在借款中提供保证,但未约定保证方式,应当按照连带责任保证承担保证责任;被告张某见在借据上注明"此款在还清之前,本人承担连带担保责任",应视为对保证期限约定不明,其保证期间为主债务履行期届满之日起二年,因此,被告张某见应当对借款本金及利息承担连带清偿责任,被告张某见承担保证责任后，有权向被告石某龙、钟某舞追偿。

编写人：湖南省涟源市人民法院　李炜

33

连带保证责任保证期限是否超过的认定

——苏某铭诉金某友等民间借贷案

【案件基本信息】

1. 裁判书字号

福建省宁德市霞浦县人民法院（2017）闽0921民初3282号民事判决书

2. 案由：民间借贷纠纷

3. 当事人

原告：苏某铭

被告：金某友、蔡某霞、宁德市永大钢业有限公司、陈某雄、郜某锋、刘某吟

【基本案情】

2014年9月18日，金某友向苏某铭借款300万元，约定借款期限为三个月，即从2014年9月18日起至12月17日止，如有逾期，每日按0.6%收取滞纳金。金某友签订了《借款协议》一份，陈某雄、郜某锋、刘锦荣作为担保人在《借款协议》上签名。同日，苏某铭通过银行将借款300万元汇入金某友账户。金某友利息支付至2014年11月18日，此后未支付利息。金某友和蔡某霞于2007年8月3日登记结婚，2015年6月4日登记离婚，上述借款发生在金某友和蔡某霞婚姻关系存续期间。2017年2月14日，刘锦荣去世，其唯一法定继承人为刘某吟。2017年8月7日，刘某吟出具声明书，声明至今其未继承父亲任何遗产，今后也不会继承父亲遗产，故其拒绝承担父亲任何债务。

【案件焦点】

1. 金某友支付的150万元是否为偿还本案借款；2. 宁德市永大钢业有限公司系借款人还是担保人；3. 担保行为是否超过保证期限。

【法院裁判要旨】

福建省宁德市霞浦县人民法院经审理认为：金某友与苏某铭之间的借款关系，有借款协议为凭，事实清楚且证据明确，该债权债务关系成立，金某友应负偿还之责。苏某铭认为金某友支付150万元并非偿还本案借款，有相关证据证明，能够证实在本案借款之前，金某友尚欠苏某铭借款150万元未还。根据苏某铭提供的《借款协议》，宁德市永大钢业有限公司公章少部分盖在借款人横线上，大部分盖在担保人右上区间，且苏某铭未能提供该借款用于宁德市永大钢业有限公司的证据。苏某铭认为宁德市永大钢业有限公司系借款人证据不足，不予采纳。苏某铭认为在保证期间届满前有要求保证人承担保证责任，但没有提供证据印证，宁德市永大钢业有限公司、陈某雄、郜某锋均否认苏某铭在保证期间届满前有主张过权利。苏某铭要求担保人承担连带清偿责任，已超过保证期限，不予支持。该借款发生在金某友、蔡某霞夫妻婚姻关系存续期间，系夫妻共同债务，金某友、蔡某霞应共同偿还。苏某铭要求宁德市永大钢业有限公司作为共同借款人，共同承担清偿责任证据不足，本院不予支持。苏某铭要求陈某雄、郜某锋、刘某吟对上述借款承担连带清偿责任，该主张已超过保证期限且刘某吟已声明放弃继承亦不愿承担债务，苏某铭该项请求不予支持。双方约定逾期还款每日按0.6%收取滞纳金，现苏某铭自愿调整为按月利率2%计算，符合法律规定，予以支持。福建省宁德市霞浦县人民法院依照《中华人民共和国合同法》第二百零六条、第二百零七条，《中华人民共和国担保法》第二十六条，《最高人民法院关于审理民间借贷案件适用法律若干问题的规定》第二十九条，《最高人民法院关于适用〈中华人民共和国婚姻法〉若干问题的解释（二）》第二十四条，《中华人民共和国民事诉讼法》第一百四十四条之规定，判决：

一、金某友、蔡某霞应于本判决生效之日起三十日内偿还苏某铭300万元并支付违约金（以300万元为基数自2014年12月18日起至履行完毕之日止按月利率2%计算）；

二、驳回苏某铭其他诉讼请求。

【法官后语】

连带保证责任，是指当事人在保证合同中约定保证人与债务人对债务承担连带责任的，为连带责任担保。即连带保证的债务人在主合同规定的履行期限届满没有履行债务的，债权人既可以要求债务人履行债务，也可以要求保证人在主合同规定的履行期届满在其保证范围内承担保证责任，保证人没有先诉抗辩权。连带责任保证有以下几方面特点：1. 连带责任保证是由保证人与主债权人在保证合同中约定和法律推定的保证方式。作为保证方式的一种，当事人应当在保证合同中明确约定连带责任保证方式。我国《担保法》规定，如果保证人与保证权人对连带责任保证和一般保证没有作出约定或者约定不明确的，推定为连带责任保证。2. 由保证人与主债务人对主合同债务承担连带责任。这意味着保证人与主债务人对主合同债务均负有全部清偿的责任。3. 主债务人在债务履行期届满没有履行债务时由保证人承担保证责任。在连带保证的情况下，一旦主债务人到期不履行主合同债务，债权人既可以要求主债务人清偿债务，也可以要求保证人承担保证责任。

保证期间是指保证责任的存续期间。如果在保证期间内，债权人依法向连带保证人请求承担保证责任，保证人不得拒绝，这就是连带保证责任中，保证期间效力的积极方面。如果在保证期间内债权人没有要求保证人承担保证责任，则保证人免除保证责任，这是连带责任保证中，保证期间的消极效力。

我国《担保法》第二十二条对债权转让的规定，即保证期间，债权人依法将主债权转让给第三人的，保证人在原保证担保的范围内继续承担保证责任。保证合同另有规定的，按照规定。第二十三条对债务转让的规定，即保证期间，债权人许可债务人转让债务的，应当取得保证人书面同意，保证人对未经其同意转让的债务，不再承担保证责任。第二十四条对变更主合同作出了规定，债权人与债务人协议变更主合同的，应当取得保证人书面同意，未经保证人书面同意的，保证人不再承担保证责任。保证合同另有约定的，按照约定。第二十六条第一款规定，对未约定保证期间作出了规定。连带责任保证的保证人与债权人未约定保证期间的，债权人有权自主债务履行期届满之日起六个月内要求保证人承担保证责任。《最高人民法院关于适用〈中华人民共和国担保法〉若干问题的解释》第三十二条规定，保证合同约定的保证期间早于或者等于主债务履行期限的，视为没有约定，保证期间为主债务履行期满之日起六个月。保证合同约定保证人承担保证责任直至主债务本息还清为止等类似内容的，视为约定不明，保证期间为主债务履行期限届满之日起二年。

保证期间属于民法理论中的除斥期间，除斥期间即权利人享有某项实体权利的存续期间，期间经过，该项实体权利即告消灭。《最高人民法院关于适用〈中华人民共和国担保法〉若干问题的解释》第三十一条对此作出了规定，即保证期间不因任何事由发生中断、中止、延长。《担保法》第二十六条第二款规定，在合同约定的保证期间和前款规定的保证期间，债权人未要求保证人承担保证责任的，保证人免除保证责任。

编写人：福建省宁德市霞浦县人民法院　邓燕飞

34

保证人印章系伪造前提下保证责任的认定

——杨某良诉程某政等民间借贷案

【案件基本信息】

1. 裁判书字号

江苏省苏州市中级人民法院（2017）苏 05 民终 7369 号民事判决书

2. 案由：民间借贷纠纷

3. 当事人

原告（被上诉人）：杨某良

被告（上诉人）：大庆建筑安装集团有限责任公司（以下简称建安公司）

被告：程某政、大庆建筑安装集团有限责任公司苏州分公司（以下简称建安苏州分公司）

【基本案情】

2014 年 2 月 26 日，原告杨某良通过中国农业银行向被告程某政转账 1496000 元。2015 年 3 月 16 日，被告程某政向原告出具借条一份，载明：“今借到杨某良人民币壹佰陆拾万元整，此款在小贷公司所产生的利息及费用由我承担，于2015年10月前归还。”该借条上加盖了被告建安公司、建安苏州分公司的印章，并注明：“担保人：大庆建安苏州分公司。”

另查明：被告建安公司就程某政伪造公司印章向黑龙江省大庆市公安局龙凤分局报案，该局于2016年4月13日立案侦查，后由检察机关移送法院审理。2017年1月6日，黑龙江省大庆市龙凤区人民法院作出（2016）黑0603刑初216号刑事判决书，该判决书审理查明：2007年8月，建安公司设立建安苏州分公司，任命程某政为建安苏州分公司负责人。2008年程某政私刻“大庆建筑安装集团有限责任公司”行政章、“大庆建筑安装集团有限责任公司合同专用章”，之后又刻制法定代表人姓名章。2008年至2016年，程某政在没有向集团公司报备的情形下，使用其伪造的印章在苏州市苏州银行娄葑支行设立大庆建筑安装集团有限责任公司银行账户，并在江苏、山东等地与他人签订各类建筑施工合同……该判决书认定程某政犯伪造公司印章罪成立，并判处程某政有期徒刑两年零六个月。程某政不服该判决，向黑龙江省大庆市中级人民法院提起上诉，该院于2017年2月27日作出（2017）黑06刑终64号刑事裁定书，裁定驳回程某政上诉，维持原判。该裁定书已发生法律效力。另根据企业信息查询系统显示，2014年11月27日，建安苏州分公司负责人由程某政变更为张旭。

【案件焦点】

1. 2015年3月16日签订的借条上建安公司的印章是否为伪造；2. 如该印章为伪造，建安公司的责任如何认定。

【法院裁判要旨】

江苏省苏州市姑苏区人民法院经审理认为：合法的借贷关系受法律保护。原告杨某良与被告程某政之间的借贷关系依法成立并有效，被告程某政理应按约归还借款。原告向被告程某政转账交付1496000元，其向王某借款时代被告程某政支付了小贷公司手续费共计104120元，该手续费被告程某政出具借条时予以认可，原告主张出借给被告程某政160万元，本院予以采信。借条中载明小贷公司产生的利息由被告程某政负担，被告程某政庭审中对此不持异议，且实际向小贷公司支付过部分利息，其应该承担原告实际向王某支付的利息。原告于2016年6月20日向王某归还了借款本息 225 万元（本金 160 万元、利息 65 万元），其支付的利息与被告程某政已付利息之和未超过年利率 24%，符合法律规定，被告程某政应该向原告归还该借款本息。被告程某政未按约还款，原告归还王某借款本息后，被告程某政仍应按照年利率 6% 向原告支付逾期利息至实际归还之日止。

对于建安公司及建安苏州分公司的保证责任，法院认为，首先，被告建安苏州分公司主张借条上建安苏州分公司加盖的印章是伪造的，但经本院释明后未提出司法鉴定申请，被告程某政对加盖该印章的事实不持异议，（2016）黑 0603 刑初 216 号刑事判决书中未认定程某政伪造建安苏州分公司的印章，应认定被告建安苏州分公司在借条上加盖的印章是真实的，其为借款提供保证的事实成立。其次，虽然被告程某政否认在借条上加盖建安公司的印章，但经鉴定借条上建安公司的印章与该公司在公安机关备案印章不一致，刑事判决认定程某政伪造建安公司印章并使用多次，故借条上加盖的建安公司印章系被告程某政伪造具有较大的可能性。该印章经鉴定与睢宁国际金港项目中出现的建安公司的印章一致，表明该印章在该工程中出现过，但在相关的工程项目中使用该印章承揽工程、购买材料等与为个人借款提供保证使用该印章的情形存在较大差异，即使被告建安公司放任被告程某政在工程项目中使用该印章从事业务属实，不能以此推定被告建安公司认可被告程某政在借条上加盖印章为其个人借款提供保证。原告陈述被告程某政借款用途为与他人合伙购买土地，其未提供证据证明存在加盖建安公司印章的原始借条，表明原告向程某政出借款项时并非基于对建安公司提供保证的合理信赖。被告程某政陈述本案借条系原告催款后出具，其从未告知建安公司借款之事，原告陈述建安公司印章系债务人程某政加盖，表示程某政系打电话请示建安公司法定代表人后加盖，但对此未能举证，应认定原告对建安公司的保证未尽审慎的审查义务，存在一定的过失。原告认为被告程某政的行为对建安公司构成表见代理，因不完全符合表见代理行为的构成要件，本院不予采纳。综上，被告建安苏州分公司未经总公司授权为被告程某政的借款提供保证，应认定保证合同无效。原告及被告建安苏州分公司对保证合同无效的后果均应承担相应的责任，本院认定被告建安苏州分公司对被告程某政不能清偿债务部分承担 50% 的赔偿责任。被告建安苏州分公司经营管理的财产不足以承担赔偿责任的，由被告建安公司承担责任。判决如下：

一、被告程某政于本判决生效之日起十日内归还原告杨某良借款本金 160 万元，并支付原告利息、逾期利息（至2016年6月20日为65万元，自2016年6月21日起按照年利率6%计算至实际归还之日止）。

二、被告大庆建筑安装集团有限责任公司苏州分公司对被告程某政不能履行上述债务的部分承担50%的赔偿责任；被告大庆建筑安装集团有限责任公司苏州分公司经营管理的财产不足以承担其赔偿责任的，由被告大庆建筑安装集团有限责任公司承担清偿责任。

建安公司提起上诉，江苏省苏州市中级人民法院经审理认为：（2016）黑0603刑初216号刑事判决书中未认定程某政伪造建安苏州分公司的印章，一审期间虽然建安苏州分公司主张借条上建安苏州分公司加盖的印章是伪造的，但经一审法院释明后未提出司法鉴定申请，程某政对加盖该印章的事实不持异议，因此应当认定建安苏州分公司在借条上加盖的印章是真实的，其为借款提供保证的事实成立。同时刑事判决认定程某政伪造建安公司印章并使用多次，故借条上加盖的建安公司印章系程某政伪造，客观上存在可能性。杨某良认为程某政的行为对建安公司构成表见代理，因不完全符合表见代理行为的构成要件，且未能提供充分有效的证据予以证实，故本院不予采纳。鉴于建安苏州分公司未经建安公司授权为程某政的借款提供保证，应认定保证合同无效。杨某良及建安苏州分公司对保证合同无效导致的法律后果，均应依法承担相应的责任，原审判决据此认定建安苏州分公司对程某政不能清偿债务部分承担50%的赔偿责任；建安苏州分公司经营管理的财产不足以承担赔偿责任的，由建安公司承担责任，于法有据，因此判决：

驳回上诉，维持原判。

【法官后语】

本案原告杨某良与被告程某政之间的借款事实无争议，主要争议点在于被告建安公司、建安苏州分公司的保证责任。虽然建安苏州分公司主张分公司的印章是伪造的，但其负有举证责任，应提出司法鉴定申请，但其经法院释明仍未提出，故应该认定分公司的印章是真实的，程某政对此也是认可的，这从另一个角度也确认了该印章的真实性。对于建安公司加盖印章的真实性，经司法鉴定，出现了两种不同的结果，借条上建安公司的印章与该公司在公安机关备案印章不一致，但与睢宁国际金港项目中出现的建安公司的印章一致，上述事实结合程某政犯伪造印章罪的事实，足以认定建安公司的印章系程某政伪造具有较大可能性。从程某政伪造印章罪的刑事判决书分析，程某政伪造使用总公司的印章，总公司具有放任管理的过失，但是在相关的工程项目中使用该印章承揽工程、购买材料等与为个人借款提供保证使用该印章的情形存在较大差异，即使被告建安公司放任被告程某政在工程项目中使用该印章从事业务属实，也不能以此推定被告建安公司认可被告程某政在借条上加盖印章为其个人借款提供保证。尤其是本案借条是后补，存在原告因无法追回借款后要求程某政加盖总公司印章，加重总公司责任的可能性，故不能认为程某政伪造总公司的印章为个人借款提供保证成立。原告认为程某政的行为构成表见代理，但其明知程某政的身份，其对建安公司的保证未尽审慎的审查义务，存在一定的过失，不符合表见代理行为的构成要件。综上，建安苏州分公司提供保证的事实成立，但保证无效，建安公司、建安苏州分公司对保证无效承担相应的责任。

笔者认为，建筑企业中因总公司与分公司、分支机构或项目经理之间经常会发生牵扯不清的关系，使交易处于不稳定的状态，签订合同时是否存在表见代理，应严格根据民法总则的规定来审查构成要件。虽然本案中建安公司“侥幸”未承担100%的保证责任，但本案对类似的建筑企业有一定的警示作用，如何管理分公司、任命分公司负责人，如何管理总公司印章、分公司印章都需要进一步的反思。

编写人：江苏省苏州市姑苏区人民法院　宁晓鹏

35

保证责任的承担与免除需进行综合审查确定

——汪某玉等诉管某泰等民间借贷案

【案件基本信息】

1. 裁判书字号

山东省青岛市中级人民法院（2017）鲁02民终5346号民事判决书

2. 案由：民间借贷纠纷

3. 当事人

原告（被上诉人）：汪某玉、汪秀某、青岛科建建设工程有限公司（以下简称科建公司）

被告（被上诉人）：高某义、王某

被告（上诉人）：管某泰

【基本案情】

2014年4月3日，科建公司作为借款人出具借条一份，载明“今借到汪某玉、汪秀某人民币100万元整，月息二分，按月付息，从2014年4月3日至2015年3月31日还清本金及最后一个月利息”。借条上另有以科建公司名下的相关土地及房屋设立抵押的内容，但以上抵押未实际设立。该借条右下方“借款人”处有科建公司盖章，盖章上方有高某义、王某签字，见证人段某娟，“担保人”处有管某泰签字捺印。下方高某义写有“招商银行6226××××××段力元”字样。同日，汪秀某通过中国光大银行账户给案外人段力元招商银行6226××××××账户转账60万元，2014年4月4日，汪秀某通过邮政储蓄银行账户给招商银行6226××××××账户转账40万元，共计100万元。

2014年4月11日，科建公司作为借款人出具借条一份，载明“今借到汪某玉、汪秀某人民币60万元整，月息二分，按月付息，从2014年4月11日至2015年4月10日还清本金及最后一个月利息”，该借条右下方“借款人”处有科建公司盖章，盖章下方有高某义、王某签字，“担保人”处管某泰签字捺印。同日，汪秀某通过光大银行账户给案外人段力元招商银行6226××××××账户转账20万元、通过华夏银行账户给案外人段力元招商银行6226××××××账户转账40万元，共计60万元。该份借条左侧高某义写有“延期到2015年7月30日前还清。高某义2015年5月19日”字样，即该笔借款延期到2015年7月30日。在此字样下方，又有“管某泰”签字。

【案件焦点】

保证人管某泰是否应当承担保证责任。

【法院裁判要旨】

山东省胶州市人民法院经审理认为：科建公司、高某义、王某对尚欠汪某玉、汪秀某的本金和利息应予偿还。对于管某泰是否承担担保责任的问题，借条上对保证方式未作约定，管某泰应承担连带保证责任。借条亦未约定保证期间，那么债权人有权自主债务履行期届满之日起六个月内要求保证人承担保证责任。本案两份借条，管某泰均在左侧高某义签署的延期时间下方签字，从常理分析，就是对延期时间同意的意思表示。该两份借条延期后，汪某玉、汪秀某起诉主张还款的时间均在保证期间内，故管某泰应承担担保责任。且借款人并未变更，科建公司始终是借款人，高某义和王某在最初签署借条时在借款人处亦有签字，如高某义和王某系后期加入，那么其自愿共同承担还款责任的行为对担保人并无影响，并非变更借款人。管某泰应对借款人的还款承担连带偿还责任。

山东省胶州市人民法院依据《中华人民共和国民法通则》《中华人民共和国合同法》《中华人民共和国担保法》第十八条、第二十一条、第三十一条，《中华人民共和国民事诉讼法》第一百四十四条之规定，判决：

一、青岛科建建设工程有限公司、高某义、王某于判决生效后十日内共同偿还汪某玉、汪秀某借款本金 1552575 元、利息 92785 元，以及自 2016 年 2 月 5 日起至款项付清之日止的利息（以未还本金为基数，按照月利率 2% 计算）；

二、管某泰对上述第一项还款承担连带清偿责任，其在承担偿付责任后，有权向青岛科建建设工程有限公司、高某义、王某追偿；

三、驳回汪某玉、汪秀某的其他诉讼请求。

管某泰提出上诉。山东省青岛市中级人民法院经审理认为：管某泰关于不应承担保证责任的上诉理由不成立，不予支持。

首先，本案借款的债权人与债务人对借款合同已实际履行的事实均无异议，款项实际转入案外人段力元账户系债权人与债务人关于借款履行方式的约定，不影响对合同实际履行的认定。其次，债权人与债务人关于向债务人指定的案外人段力元账户转账即视为完成出借款项的约定，系对合同履行方式的约定，并未加重债务人的债务或者保证人的保证责任，不能因此免除保证人的保证责任。再次，管某泰系对本案所涉债务承担连带保证责任，两份借条在 2016 年 1 月 22 日之前的所确定的履行期限分别是 2015 年 11 月 30 日和 2015 年 7 月 30 日，管某泰均签字予以确认。

债权人在六个月保证期间内起诉要求管某泰承担保证责任，符合法律规定。最后，债权人汪某玉、汪秀某与债务人科建公司、高某义、王某对本案债权约定就科建公司名下的相关土地及房屋设立抵押，但上述财产的抵押并未办理登记，抵押权并未设立而且其后也未实际设立，不符合《中华人民共和国担保法》及《中华人民共和国物权法》关于同时存在物的担保和人的保证的规定，不应免除管某泰的保证责任。另外，二审法院同意一审法院对债务并未转移已予以评判。

山东省青岛市中级人民法院依照《中华人民共和国民事诉讼法》第一百七十条第一款第一项之规定，判决如下：

驳回上诉，维持原判。

【法官后语】

一、关于保证人身份的确定

根据《担保法》第十三条的规定，无论是在独立的保证合同还是在包含保证条款的主合同上，保证人都应当以书面签字或盖章来确定其保证人身份。如果借条中明确注明“保证人”栏，则第三人在该栏签字即可认定其保证人身份；如果借条中没有注明“保证人”或者“担保人”字样，第三人在借条上的签字，但通过借条上的文字无法推断第三人有保证意思表示，则一般应认定第三人为见证人，不应承担保证责任。

二、关于保证期间对保证责任的影响

债权人主张保证人承担保证责任的，应当在合同约定或法律规定的保证期间内向保证人提出，逾期未主张则保证人免除保证责任。当事人可以在保证合同中约定保证期间，法律对保证期间的约定没有限制性的规定。对当事人没有约定保证期间以及对保证期间约定不明情况下，保证期间应分别为主债务履行期届满之日起六个月和二年。保证期间的性质是除斥期间，不因任何事由发生中断、中止、延长的法律后果。

三、关于主合同变更对保证责任的影响

根据《担保法》第二十四条的规定，在保证合同没有另外约定的情况下，债权人与债务人未经保证人书面同意变更主合同的，保证人不再承担保证责任。《最高人民法院关于适用〈中华人民共和国担保法〉若干问题的解释》第三十条的规定，变更主合同是指对主合同数量、价款、币种、利率等内容作出变更，而且以上变更只有

“加重债务人的债务”时，保证人“对加重的部分”不承担保证责任。对于债权人与债务人未经保证人同意而变更主合同，是否影响保证人承担保证责任，应当主要审查主合同的变更是否加重了债务人的债务，是否增加了保证人的风险。如合同变更并未加重债务人的债务或者增加保证人的风险，不影响保证人按约定承担连带保证责任。

四、关于债权债务转移对保证责任承担的影响

根据《担保法》及相关司法解释的规定，通常情况下，主债权转让的，保证债权随着主债权的转让而转让，保证人应当按照原合同约定向主债权的受让人承担保证责任，但保证人与债权人特别约定不得转让的除外；主债务转让的，如未经保证人书面同意，保证人对转让的部分债务不再承担保证责任。

五、关于同时存在物的担保与人的保证情形对保证责任承担的影响

关于同一债权同时存在物的担保与人的保证时，保证责任如何履行以及保证人履行后如何追偿的问题，《担保法》《最高人民法院关于适用〈中华人民共和国担保法〉若干问题的解释》以及《物权法》的规定都不完全相同，实践中需要正确选择适用。本案债权人与债务人在借条上约定了以债务人名下土地房屋办理抵押的内容，但物的担保只是停留在合同层面最终未能实际设立。在此情况下保证人主张应当免除抵押物权范围内的保证责任，没有法律依据。

编写人：山东省青岛市中级人民法院　李丰波

36

超过除斥期间的保证责任应予主动审查并免除

——王某诉尹某松、郭某文民间借贷案

【案件基本信息】

1. 裁判书字号

北京市密云区人民法院（2017）京0118民初5628号民事判决书

2. 案由：民间借贷纠纷

3. 当事人

原告：王某

被告：尹某松、郭某文

【基本案情】

王某与郭某文系朋友关系。2013年6月7日，郭某文因资金周转从王某处借款5.5万元并为王某出具借条一张，写明：今有郭某文向王某借款人民币现金（伍万伍千圆整）55000元整，因家中有事所借于2013年6月17日前归还。本人有东南菱悦银灰色车一辆作为抵押，如到日不还本人愿无偿过户一切手续LONM43G268018××××（发动机号）。郭某文作为借款人，尹某松作为担保人在借条落款处签字、捺印。

另查，借款时，王某与郭某文并未书面约定借款期限及逾期利息，王某与尹某松未约定担保期限。王某向本院提出诉讼请求：1. 判令郭某文偿还借款5.5万元及利息（自2013年6月18日起按年利率24%计算至付清之日止）；2. 判令尹某松对上述债务承担连带清偿责任；3. 诉讼费由郭某文、尹某松负担。

【案件焦点】

1. 郭某文应支付多少逾期利息；2. 担保人的担保责任认定问题。

【法院裁判要旨】

北京市密云区人民法院经审理认为：借款人应当按照约定的期限返还借款。借款人未按照约定的期限返还借款的，应当按照约定或者国家有关规定支付逾期利息。本案中，王某与郭某文之间的借款行为系双方真实意思表示，未违反法律规定，双方借贷关系合法、有效，现郭某文未按约还款，王某要求郭某文偿还借款的诉讼请求，理由正当、证据充分，本院予以支持。

借款人未按照约定的期限返还借款的，应当按照约定或者国家有关规定支付逾期利息。既未约定借期内的利率，也未约定逾期利率，出借人主张借款人自逾期还款之日起按照年利率6%支付资金占用期间利息的，人民法院应予支持。郭某文未按约偿还借款，王某要求郭某文返还借款并支付逾期利息，理由正当，证据充分，本院予以支持。王某与郭某文未约定借款期间及逾期利息，现王某主张按照年利率24%支付逾期利息超出法律规定，超出部分本院不予支持。本院调整为年利率6%

后予以支持。

对保证方式没有约定或者约定不明确的，按照连带责任保证承担保证责任。连带责任保证的保证人与债权人未约定保证期间的，债权人有权自主债务履行期届满之日起六个月内要求保证人承担保证责任。在保证期间内，债权人未要求保证人承担保证责任的，保证人免除保证责任。本案中，尹某松作为担保人在该借条上签字，应对该债务承担连带保证责任，该保证责任的保证期间应于2013年12月17日届满。现王某并未提供充分证据证明其在保证期间内要求尹某松承担连带保证责任，故尹某松免除保证责任，王某要求尹某松对郭某文的债务承担连带保证责任的诉讼请求，于法无据，本院不予支持。

综上所述，北京市密云区人民法院依据《中华人民共和国合同法》第二百零六条、第二百零七条，《最高人民法院关于审理民间借贷案件适用法律若干问题的规定》第二十九条，《中华人民共和国担保法》第十九条、第二十六条，《中华人民共和国民事诉讼法》第六十四条、第一百四十四条之规定，判决如下：

一、郭某文于本判决生效之日起十日内偿还王某借款五万五千元及逾期利息；

二、驳回王某的其他诉讼请求。

【法官后语】

随着经济快速发展，民间借贷纠纷案件数量在近几年呈现飞速上涨的态势。出借人为了保证其债权的实现，往往会在借款时以保证、抵押、质押、留置等形式设定担保。其中保证形式最为常见。

保证指的是保证人和债权人约定，当债务人限期不履行债务时，保证人按照约定履行债务或者承担责任的行为，并且保证人须与债权人以书面形式订立保证合同。本案中的，尹某松在借条后“担保人”一项后签字，应被视为其与债权人订立了保证合同。

我们在考虑保证人是否承担保证责任时，最重要的是要审查起诉时是否已经超过了保证期间。保证期间是一种除斥期间，指的是法律规定某种民事实体权利存在的期间，权利人在此期间不行使相应的民事权利，则在该法定期间届满时导致该民事权利的消灭。这个期间不存在中止、中断和延长，与诉讼时效大不相同，这也是为了防止保证人无限期地承担保证责任。

审查保证期间是否已经超过，首先需要审查清楚的是保证人承担的是哪种保证责任。保证责任分为一般保证及连带责任保证两种。不同的保证责任，计算除斥期间的方法差异很大。

保证期间开始计算的时间，均为主债务履行期届满之日起。对于连带责任保证，《担保法》第二十六条规定，在合同约定的保证期间，债权人未要求保证人承担保证责任的，保证人免除保证责任。该条文清晰地规定了，债权人未在保证期间直接向保证人主张权利，则丧失保证人的胜诉权这一后果。

对于一般保证，保证期间的规定则颇有深意。《担保法》第二十五条规定，一般保证的保证人与债权人未约定保证期间的，保证期间为主债务履行期届满之日起六个月。在合同约定的保证期间和前款规定的保证期间，债权人未对债务人提起诉讼或者申请仲裁的，保证人免除保证责任；债权人已提起诉讼或者申请仲裁的，保证期间适用诉讼时效中断的规定。有的人乍一看，认为这里的规定和保证期间"不中断、不中止、不延长"的性质相悖，其实并非如此。对于一般保证，在债权人起诉或者申请仲裁之时，须考查这一时间点是否已经超过保证期间；如果已超过，债权人就此丧失胜诉权；如果没有超过，那么从起诉（申请仲裁）开始则不再考虑保证期间的问题，需要考虑的则变为诉讼时效问题，因此才有了"中断"一说。这些从《最高人民法院关于适用〈中华人民共和国担保法〉若干问题的司法解释》第三十四条第一款的规定"一般保证的债权人在保证期间届满前对债务人提起诉讼或者申请仲裁的，从判决或者仲裁裁决生效之日起，开始计算保证合同的诉讼时效"中，也可以说明在保证期间未过的情况下，起诉（仲裁）后，须要考虑"期间"问题的变为诉讼时效了。由此也可以看出，一般保证责任对于债权人主张权利的行为要求更为严格，要求其必须提出诉讼或申请仲裁，直接向保证人本人发出意思表示这一行为并不足以"中断"。综上，一般保证和连带责任保证保证期间的法律规定差异很大，这也是为什么对于相关案件在进行审查时，首先要分清楚保证人承担的是何种保证责任。

区分了保证人需承担的保证责任后，我们需审查该保证责任是否已经超过保证期间。这一点与诉讼时效又大不相同。诉讼时效是需被告人主动提出后，由法院审查是否超过诉讼时效，如果被起诉方未对时效提出抗辩甚至未出庭应诉，则法院不主动适用诉讼时效超期的规定；而保证期间一旦经过后则债权人彻底丧失胜诉的权利，保证人当然免除保证责任。我们也可以从《最高人民法院关于人民法院应当如何认定保证人在保证期间届满后又在存款通知书上签字问题的批复》中可以看出这点："根据《中华人民共和国担保法》的规定，保证期间届满债权人未依法向保证人主张保证责任的，保证责任消灭。保证责任消灭后，债权人书面通知保证人要求承担保证责任或者清偿债务，保证人在催款通知书上签字的，人民法院不得认定保证人继续承担保证责任。但是，该催款通知书内容符合合同法和担保法有关担保合同成立的规定，并经保证人签字认可，能够认定成立新的保证合同的，人民法院应当认定保证人按照新保证合同承担责任。"即除非双方有新的合意签订新的保证合同，否则已过保证期间的保证责任，保证人无须承担。

并且因为担保权实际是一种法定物权，这种法定性，要求的就是法院应当依职权对其主动审查。因此，无论保证人是否提出抗辩，甚至无论其是否出庭应诉，法院都应当主动审查保证期间是否已经经过。

因此在本案中，根据《担保法》第十九条的规定，当事人对保证方式没有约定或者约定不明确的，按照连带责任保证承担保证责任。本案中，尹某松仅就承担保证责任一事以签字形式表态，但与王某并未对保证方式进行约定，因此尹某松应承担的是连带责任保证，早在2013年年底，该保证期间已过。虽然尹某松经法院合法传唤未出庭应诉，但法院经主动审查后，应当对王某要求尹某松承担保证责任的诉讼请求予以驳回。

编写人：北京市密云区人民法院　张朦

37

结算后重新出具的借条的性质及其担保期间问题

——林某成诉张某堂等民间借贷案

【案件基本信息】

1. 裁判书字号

福建省高级人民法院（2018）闽民申1636号民事裁定书

2. 案由：民间借贷纠纷

3. 当事人

原告（上诉人）：林某成

被告（被上诉人）：张某堂、陈某秀、苏某窍

【基本案情】

张某堂因经营煤炭生意缺乏资金陆续多次向林某成借款。2007年12月7日，张某堂向林某成借款1000000元（该款转入张某堂指定的张祖权银行账户），并约定利息按月利率3%计算。同日，张某堂出具借条一份予以确认，苏某窍在借条上注明："本人愿将玉山路116号房屋所有权证（03×××号）、土地使用证（013×号）为张某堂向林某成借款壹佰万元提供担保，并承担连带经济责任"，并作为担保人在借条上签名并捺手印。截至2008年12月31日，张某堂共支付利息378840元。2016年4月30日，林某成与张某堂结算，张某堂共结欠林某成借款本金1660000元（包含本案借款1000000元及其他3笔借款）。同日，张某堂重新出具借条一份予以确认，该借条载明："本人向林某成借现金人民币壹佰陆拾陆万元整：①其中叁拾万元的利息已结至2014年12月31日止；②壹佰叁拾陆万元的利息已结至2008年12月31日止；③利息标准按原借款单计算；④借款单原件作附件使用。"借款人张某堂在借条上签名并捺手印。此后，张某堂未再偿还款项给林某成。截至2017年7月30日，张某堂尚欠林某成借款本金1000000元、利息1681160元（扣除林某成自认的张某堂已付利息378840元，按月利率2%计算），合计2681160元。苏某窍提供抵押的位于大田县均溪镇玉山路116号的房产至今未办理抵押登记手续。张某堂、陈某秀于1976年11月10日办理结婚登记手续。

【案件焦点】

1. 本案借款是否还清；2. 苏某窍是否承担保证责任的问题。

【法院裁判要旨】

福建省三明市大田县人民法院经审理认为：关于本案借款是否还清的问题。从林某成向本院提交的张某堂分别于2007年4月12日、16日、23日出具的借条内容来看，三笔借款金额均为200000元，合计600000元，而张某堂偿还给林某成妻子

苏爱清543300元及转入傅源源账户92600元的日期分别为2008年1月8日、2008年5月26日。另外，2016年4月30日，林某成与张某堂经结算，张某堂确认结欠林某成借款1660000元，并重新出具借条给林某成，该份借条内容明确载明："……其中壹佰叁拾陆万元的利息已结至2008年12月31日止……"且张某堂在2016年4月30日重新出具借条之后并未再偿还款项给林某成。因此，张某堂辩称本案借款本息已还清的理由不能成立，不予采纳。张某堂偿还给林某成妻子543300元及转入傅源源账户的92600元应认定为偿还2007年4月12日、16日、23日三笔借款的债务，并非偿还本案借款。

关于苏某窍是否承担保证责任的问题。福建省三明市大田县人民法院经审理认为：2007年12月7日，虽然苏某窍在张某堂出具的借条中写明其愿以玉山路116号的房产为张某堂向林某成借款1000000元提供抵押担保，同时愿为本案借款提供连带责任保证，但双方至今未办理抵押登记手续，故本案的抵押合同未生效。从张某堂于2016年4月30日向林某成重新出具1660000元的借条内容可以证实：张某堂重新出具借条的行为可视为借款人以新的债权凭证抵销旧债务，是"借新还旧"的借贷行为，依据《最高人民法院关于适用〈中华人民共和国担保法〉若干问题的解释》第三十九条规定，"主合同当事人双方协议以新贷偿还旧贷，除保证人知道或者应当知道的外，保证人不承担民事责任"，苏某窍未在2016年4月30日新借条上签字，林某成亦未提交证据证明苏某窍知道或应当知道张某堂重新出具借条的情况。因此，苏某窍不应当承担保证责任。

综上，福建省三明市大田县人民法院认为：林某成与张某堂之间因借贷而产生的债权债务关系明确、合法，张某堂应当偿还借款。林某成主张按月利率2%计算利息，不违反法律规定，故林某成要求张某堂偿还借款本金1000000元及利息1681160元，并支付从2017年8月1日起至本判决指定的履行期限届满之日止利息（按月利率2%计算）的诉讼请求，其理由成立，予以支持。对林某成主张利息过高部分的诉讼请求，其理由不能成立，不予支持。鉴于张某堂系因经营煤炭资金周转困难向林某成借款，可以认定上述借款并非用于张某堂与陈某秀夫妻日常生活开支，依照《最高人民法院关于适用〈中华人民共和国婚姻法〉若干问题的解释（二）》第二十四条第一款规定，本案借款应认定为张某堂个人债务，陈某秀不应共同承担偿还责任，故林某成要求陈某秀共同承担偿还责任的诉讼请求缺乏事实和法律依据，依法不予支持。苏某窍未在张某堂于 2016 年 4 月 30 日出具的借条上签名，根据《最高人民法院关于适用〈中华人民共和国担保法〉若干问题的解释》第三十九条规定，不承担本案的民事责任。陈某秀经本院合法传唤，无正当理由拒不到庭，视为其主动放弃诉讼权利。

福建省三明市大田县人民法院依照《中华人民共和国民法通则》第八十四条、第九十条、第一百零八条，《最高人民法院关于审理民间借贷案件适用法律若干问题的规定》第二十六条第一款、第二十九条，《最高人民法院关于适用〈中华人民共和国婚姻法〉若干问题的解释（二）》第二十四条第一款，《最高人民法院关于适用〈中华人民共和国担保法〉若干问题的解释》第三十九条及《中华人民共和国民事诉讼法》第一百四十四条规定，作出如下判决：

一、张某堂应在本判决生效后六十日内向林某成偿还借款本金 1000000 元、利息 1681160 元，合计 2681160 元，并支付从 2017 年 8 月 1 日起至本判决指定的履行期限届满之日止的利息（按月利率 2% 计算）；

二、驳回林某成的其他诉讼请求。

林某成不服一审判决，提出上诉。福建省三明市中级人民法院经审理认为：合法的借贷关系受法律保护。林某成与张某堂之间民间借贷事实清楚、证据充分，如前分析，涉案借款为张某堂的个人债务，故林某成要求陈某秀与张某堂共同偿还借款本息的上诉主张，缺乏事实及法律依据，本院不予支持。林某成关于要求苏某窍对涉案债务承担连带清偿责任的上诉主张，于法无据，本院不予支持。综上所述，林某成的上诉请求不能成立，应予驳回。一审判决虽在说理及适用法律上欠妥，但认定事实清楚，处理结果并无不当，应予维持。福建省三明市中级人民法院依照《中华人民共和国民事诉讼法》第一百七十条第一款第一项规定，判决如下：

驳回上诉，维持原判。

福建省高级人民法院经审查认为，本案再审审查的争议焦点是苏某窍就涉案 100 万元借款及利息是否应承担连带清偿责任。

2007 年 12 月 7 日，张某堂出具一份借条，载明其向林某成借款 100 万元及相应的利息标准，但未约定还款期限，苏某窍作为担保人在借条上注明：“本人愿将玉山路 116 号房屋所有权证（03 × × × 号）、土地使用证（013 × 号）为张某堂向林某成借款壹佰万元提供担保，并承担连带经济责任”，借条上亦未约定保证期间。

同日张某堂在林某成提交的福建省农村信用合作社储蓄存款凭证上签字确认收到该100万元借款。2016年4月30日张某堂又向林某成出具了一份借款总金额为166万元的借条，就张某堂尚欠的多笔借款本息情况进行确认，林某成和张某堂双方确认该借条中的166万借款包括本案100万元借款，并确认本案100万元借款的利息已经付至2008年12月31日。苏某窍未在该166万元的借条上签字。因本案中张某堂出具的100万元的借条中未约定保证期间，根据《中华人民共和国担保法》第二十六条的规定，本案连带责任保证期间为主债务履行期届满之日起的六个月。本案主债务未约定履行期限，根据最高人民法院《关于适用〈中华人民共和国担保法〉若干问题的解释》第三十三条规定："主合同对主债务履行期限没有约定或者约定不明的，保证期间自债权人要求债务人履行义务的宽限期届满之日起计算。"林某成和张某堂二人于2016年4月30日就双方的借款情况（包括本案的100万元借款）进行确认并由张某堂出具上述166万元的借条，应视为林某成于2016年4月30日就涉案100万元借款要求张某堂还款，本案保证期间为主债务履行的宽限期届满之日起六个月。林某成没有证据证明本案100万元借款产生后其向苏某窍主张过承担保证责任，林某成亦明确表示2016年4月30日当天未能联系上苏某窍，苏某窍未在166万元的借条上签字，其亦没有证据证明166万元的借条签订后向苏某窍主张过承担保证责任。而林某成于2017年8月8日提起本案诉讼，与2016年4月30日已时隔1年3个月，远超过6个月，根据前述法律规定，林某成未在宽限期届满之日起六个月内要求苏某窍承担连带保证责任，则苏某窍的连带保证责任得以免除，故原审认定苏某窍无需对本案债务承担连带清偿责任并无不当。

综上，林某成的再审申请不符合《中华人民共和国民事诉讼法》第二百条第二、六项的规定。

依照《中华人民共和国民事诉讼法》第二百零四条第一款，《最高人民法院关于适用〈中华人民共和国民事诉讼法〉的解释》第三百九十五条第二款规定，裁定如下：

驳回林某成的再审申请。

【法官后语】

"借新还旧"是指对到期不能归还的贷款，银行通过与客户再次签订贷款合同，以新贷的款项清偿部分或者全部旧欠的贷款。实质上债务依然存在，债权并未实现，只是双方就还款期限达成新的展期合意。司法实务中，不止银行类金融机构存在“借新还旧”的现象，大量民间融资中也存在“借新还旧”或者对多笔借款进行结算，重新出具“借条”或者“欠条”，并回收旧条的现象。若在旧贷中，保证人有签字，而保证人未在“新条”上签字，债权人也没有其他证据证明保证人知道或者应当知道主合同当事人协议以新贷偿还旧贷的，依据《最高人民法院关于适用〈中华人民共和国担保法〉若干问题的解释》第三十九条规定，“主合同当事人双方协议以新贷偿还旧贷，除保证人知道或者应当知道的外，保证人不承担民事责任”。

本案主借款合同当事人2016年4月30日签订的借条（担保人未签字）虽然形式上是“借条”，但本质上是对2005年至2010年的5笔借款本息进行结算出具的结算凭证，不产生新的借贷关系。担保人是否需要承担责任要视旧条的约定和法律的规定，依据担保法和担保法司法解释规定，有约定借款期限但未约定保证期间的，保证期间自借款期限届满之日起计算六个月；未约定借款期限和保证期间的，保证期间自债权人要求债务人履行义务的宽限期届满之日起计算。主借款合同当事人2016年4月30日对尚欠债务进行结算，应视为债权人向债务人主张权利，保证期间应在一定的宽限期后起算，债权人未在保证期间内向保证人主张权利，二审法院以此判定保证人得以免除保证责任并无不当。

实践中经常出现的主借款合同当事人对多笔借款进行结算并重新出具借条，新条是否产生新的借贷关系，要注意区分不同情况。若双方当事人仅对借款本金和利息进行结算，而重新出具借条或者欠条，不产生新贷，保证人仅就其签字的旧条承担保证责任。若双方当事人重新出具的借条本金为旧条的本金和利息之和，旧条利息转新条本金的部分属于新贷，若保证人未在新条上签字，保证人对于新贷部分无须承担保证责任，仅就其签字的旧条承担保证责任。

在未约定借款期限和保证期间的借贷关系中，不论是“借新还旧”还是结算后重新出具借条，债权人向债务人主张要求其履行还款义务后，要特别注意应在六个月内及时向保证人主张保证责任，可要求保证人在新条上签字或向法院主张要求保证人承担保证责任。否则很容易出现同本案般超过保证期间，保证人免除保证责任的情形。

编写人：福建省三明市大田县人民法院　高艳青

38

债权人未在六个月内要求保证人承担保证责任，保证人免除保证责任

——王某卫诉栗某生等民间借贷案

【案件基本信息】

1. 裁判书字号

河北省秦皇岛市抚宁区人民法院（2017）冀0306民初2151号民事判决书

2. 案由：民间借贷纠纷

3. 当事人

原告：王某卫

被告：栗某生、黄某华、安某灼、刘某一

【基本案情】

被告栗某生与被告黄某华系夫妻。2014年1月16日，被告栗某生、黄某华从原告王某卫处借款350000元，并为原告出具了借条。同日被告栗某生为原告出具收到350000元的收条一份。此笔借款经原告催要，被告栗某生、黄某华至2014年3月15日未能偿还。2014年3月15日，原、被告就此笔借款签订了担保借款合同一份（担保借款合同原件只有一份，在原告处，借款人及担保人处均没有借款合同），合同约定：被告栗某生、黄某华从原告王某卫处借款350000元，借款期限自2014年3月15日起至2014年5月14日止。被告安某灼、刘某一为上述借款提供连带责任保证，保证期间未约定。借款到期后，至2014年年底，被告栗某生共给付原告王某卫110000元。原告王某卫于2015年11月25日分别向被告栗某生、安某灼进行了催收。2017年5月5日，原告王某卫向被告栗某生进行了催收。2017年5月9日，原告王某卫向被告安某灼进行了催收。以上两次贷款催收通知单内容

均为：借款人：栗某生，你于2014年1月16日向我借款（大写）叁拾伍万元，现余叁拾伍万元将于2014年5月14日到期，请抓紧筹措资金按期归还借款，如到期未还，我即依照借款合同有关规定予以处理。贷款人：王某卫。被告栗某生在借款人栏中签字，被告安某灼在担保人栏中签字。被告栗某生、黄某华现尚欠原告王某卫借款本金240000元未能偿还。被告安某灼、刘某一对上述款项亦未履行保证责任。2017年5月25日，原告王某卫曾起诉四被告，向本院提交的原、被告签订的担保借款合同中对贷款利率、贷款偿还方式、罚息均未约定。该案原告王某卫于2017年7月25日撤诉。本案原告于2017年8月2日立案时向我院提交的担保借款合同中后填写了贷款利率为年36%，贷款偿还方式为按月结息，每月的14日为结息日和付息日，逾期贷款罚息利率为本合同约定的贷款利率水平上加收1%。在庭审调查中，原告陈述2014年3月15日当日确实没有填写贷款利率、贷款偿还方式、罚息，该内容是于2017年1月因原、被告双方没有调解好经被告授权后填上的。

【案件焦点】

被告安某灼、刘某一应否承担连带保证责任。

【法院裁判要旨】

河北省秦皇岛市抚宁区人民法院经审理认为：被告栗某生、黄某华给原告出具的借条及被告栗某生给原告出具的收条能够证明被告栗某生、黄某华从原告王某卫处借款350000元的事实。原、被告签订的担保借款合同是双方的真实意思表示，合法有效。被告栗某生、黄某华应按合同约定期限偿还原告借款，此笔债务系被告栗某生、黄某华的夫妻共同债务，应由被告栗某生、黄某华共同偿还，未偿还应承担相应的违约责任。被告栗某生、黄某华辩称已于2014年1月至2016年12月分期给付原告40多万元的主张，原告不予认可，被告栗某生、黄某华未提交相应证据予以证明，故对其该主张本院不予采信。原、被告签订的担保借款合同未约定保证期间，依据《中华人民共和国担保法》第二十六条规定：连带责任保证的保证人与债权人未约定保证期间的，债权人有权至债务履行期届满之日起六个月内要求保证人承担保证责任。债权人未在六个月内要求保证人承担保证责任的，保证人免除保证责任。法释（2004）4号《最高人民法院关于人民法院应当如何认定保证人在保证期间届满后又在催款通知书上签字问题的批复》规定：根据《中华人民共和国担保法》的规定，保证期间届满债权人未依法向保证人主张保证责任的，保证责任消灭。保证责任消灭后，债权人书面通知保证人要求承担保证责任或者清偿债务，保证人在催款通知书上签字的，人民法院不得认定保证人继续承担保证责任。但是，该催款通知书内容符合《合同法》和《担保法》有关担保合同成立的规定，并经保证人签字认可，能够认定成立新的保证合同的，人民法院应当认定保证人按照新保证合同承担责任。本案中主债务履行期届满之日为 2014 年 5 月 14 日，原告应在六个月内即 2014 年 11 月 14 日前要求被告安某灼、刘某一承担保证责任，原告未在 2014 年 11 月 14 日前要求被告安某灼、刘某一承担保证责任，且本案中的两份贷款催收通知单不符合《合同法》和《担保法》有关担保合同成立的规定，故被告安某灼、刘某一作为保证人应免除保证责任。原告关于在签订合同时对贷款利率没有约定，此后在 2017 年 1 月填上借款利率为年 36% 是被告授权的主张，因四被告不予认可，原告也未提交相关证据予以证明，故对原告的该主张本院不予采信。故应认定被告栗某生偿还的 11 万元为借款本金，应在借款本金中予以扣除，被告栗某生、黄某华尚欠原告借款本金 240000 元。

河北省秦皇岛市抚宁区人民法院依据《中华人民共和国民事诉讼法》第一百四十四条，《中华人民共和国合同法》第八条、第一百零七条、第二百零六条，《中华人民共和国担保法》第十八条、第二十六条之规定，判决如下：

一、被告栗某生、黄某华于本判决发生法律效力后十日内共同偿还原告王某卫借款 240000 元及此款从 2017 年 5 月 9 日起至本判决限定的履行期限内实际履行日止按中国人民银行同期贷款利率计算的利息；

二、驳回原告王某卫对被告栗某生、黄某华的其他诉讼请求；

三、驳回原告王某卫对被告安某灼、刘某一的诉讼请求。

【法官后语】

本案系民间借贷纠纷，因被告栗某生、黄某华拖欠原告王某卫借款，导致原告王某卫要求被告栗某生、黄某华偿还借款并要求被告安某灼、刘某一承担担保责任，本案因原告王某卫未在六个月内要求保证人安某灼、刘某一承担保证责任，故保证人安某灼、刘某一免除了保证责任。本案中原、被告签订的担保借款合同未约定保证期间，依据《中华人民共和国担保法》第二十六条规定：连带责任保证的保证人与债权人未约定保证期间的，债权人有权至债务履行期届满之日起六个月内要求保证人承担保证责任。债权人未在六个月内要求保证人承担保证责任的，保证人免除保证责任。法释［2004］4号《最高人民法院关于人民法院应当如何认定保证人在保证期间届满后又在催款通知书上签字问题的批复》规定：根据《中华人民共和国担保法》的规定，保证期间届满债权人未依法向保证人主张保证责任的，保证责任消灭。保证责任消灭后，债权人书面通知保证人要求承担保证责任或者清偿债务，保证人在催款通知书上签字的，人民法院不得认定保证人继续承担保证责任。但是，该催款通知书内容符合《合同法》和《担保法》有关担保合同成立的规定，并经保证人签字认可，能够认定成立新的保证合同的，人民法院应当认定保证人按照新保证合同承担责任。本案中主债务履行期届满之日为2014年5月14日，原告应在六个月内即2014年11月14日前要求被告安某灼、刘某一承担保证责任，原告未在2014年11月14日前要求被告安某灼、刘某一承担保证责任，且本案中的两份贷款催收通知单不符合《合同法》和《担保法》有关担保合同成立的规定，故被告安某灼、刘某一作为保证人应免除保证责任。

编写人：河北省秦皇岛市抚宁区人民法院　单东权

39

未就保证责任达成合意的保证合同不成立

——山东招标股份有限公司诉山东华牧药业有限责任公司等民间借贷案

【案件基本信息】

1. 裁判书字号

山东省济南市中级人民法院（2017）鲁01民终8878号民事判决书

2. 案由：民间借贷纠纷

3. 当事人

原告（被上诉人）：山东招标股份有限公司（以下简称山东招标公司）

被告（上诉人）：山东华牧药业有限责任公司（以下简称山东华牧公司）

被告：山东广安文化传媒有限公司（以下简称山东广安公司）

【基本案情】

2012年11月8日，山东招标公司与山东广安公司和山东华牧公司签订《借款协议书》一份，约定山东招标公司向山东广安公司出借650万元，山东华牧公司以其持有的土地作抵押。《借款协议书》落款处有山东华牧公司公章及“王某武”签名。山东广安公司偿还360万元后，向山东招标公司出具承诺书一份，山东华牧公司在保证人处加盖公章。上述借款协议书和承诺书均不是山东招标公司、山东广安公司及山东华牧公司三方当面签订，《借款协议书》和承诺书上山东华牧公司的公章均系由山东广安公司的委托诉讼代理人田某会在持有山东华牧公司印章期间自行加盖，未将盖章事宜告知山东华牧公司。《借款协议书》中，山东华牧公司落款中“法定代表人（或授权人）签字”处的“王某武”系他人代签，不是时任山东华牧公司法定代表人王某武本人所签。山东广安公司称涉案借款大部分用于其与山东华牧公司、山东西王公司合作的济南市民法大厦及宿舍项目。

【案件焦点】

山东华牧公司是否应承担连带保证责任及山东华牧公司若承担责任应承担何种责任。

【法院裁判要旨】

济南市历城区人民法院经审理认为：1.《借款协议书》落款处加盖有山东华牧公司公章，山东招标公司有理由相信该印章的加盖及担保责任的承担系山东华牧公司的真实意思表示；2. 山东华牧公司未尽到对公司公章的妥善保管义务，在对公章失去控制的情形下，未采取应对措施，放任他人对公章的使用，应承担由此产生的不利法律后果；3. 山东华牧公司未提交充足证据足以证实山东招标公司与山东广安公司或田某会之间存在串通行为。因此，山东华牧公司为本案所涉借款提供的保证担保合法有效。

山东华牧公司以保证人的身份在《承诺书》中加盖公章，系对承诺内容的认可，足以认定山东华牧公司与山东招标公司形成了新的债务履行协议，成立了新的保证合同。山东华牧公司应作为保证人对山东广安公司在承诺书中载明的债务承担保证责任。一审法院判决：

一、山东广安公司返还山东招标公司借款284.2万元；

二、山东广安公司支付山东招标公司借款利息158万元；

三、山东广安公司支付山东招标公司自2015年7月1日起至判决确定的履行期限届满之日或山东广安公司在判决确定的履行期限内自觉履行义务之日止，以284.2万元为基数，按照年利率15%计算的利息；

四、山东广安公司支付山东招标公司违约金925700元；

五、山东华牧公司对上述第一、二、三、四项判决款项承担连带清偿责任，并在承担保证责任后，有权向山东广安公司追偿。

山东招标公司不服原审判决，提起上诉。济南市中级人民法院经审理认为：因山东华牧公司并未委托田某会在涉案《借款协议书》及承诺书上加盖公章承担保证责任，故田某会在涉案《借款协议书》及承诺书上加盖山东华牧公司公章的行为属于无权代理。由于田某会擅自加盖山东华牧公司公章的行为未经山东华牧公司追认，因此，涉案《借款协议书》和承诺书中的保证条款对山东华牧公司不发生法律效力。

因山东招标公司未尽审慎义务，对涉案保证合同关系未依法成立存在过错。而山东华牧公司对其公章的保管、使用未尽责任，致使田某会擅自加盖其公章，客观上损害了山东招标公司的合法权益，故山东招标公司与山东华牧公司对涉案保证合同关系未依法成立均存在过错，双方应以过错程度承担相应的缔约过失责任。因缔约过失责任损害赔偿请求权适用二年的诉讼时效，且山东招标公司起诉时并未超过诉讼时效，故二审法院判决：

一、维持济南市历城区人民法院（2015）历城民初字第3207号民事判决第一、二、三、四项及案件受理费负担项；

二、撤销济南市历城区人民法院（2015）历城民初字第3207号民事判决第五项；

三、山东华牧药业有限责任公司对在济南市历城区人民法院（2015）历城民初字第3207号民事判决第一、二、三、四项中确定的涉案借款，山东广安文化传媒有限公司不能偿还借款本息及违约金的部分，向山东招标股份有限公司承担30%的赔偿责任。

【法官后语】

保证是指保证人和债权人约定，当债务人不履行债务时，保证人按照约定履行债务或者承担责任的行为。近年来，随着经济的快速发展，民间借贷纠纷案件逐年增多。在民间借贷中，债权人为保证债权的实现，往往要求债务人提供保证担保。而作为合同的担保，保证是以保证人的一般财产为债务人的债务提供担保，是人的担保而非物的担保，因此，保证人只能是主合同当事人之外的第三人。

实践中，民间借贷合同中的保证合同，比较常见的形式是由他人在借据、收条、欠条等债权凭证或者借款合同上签署保证条款。此类保证条款形式简单、内容粗糙，如何判断保证合同是否成立，需要结合合同的成立规则、合同的解释规则以及证据规则综合判断。一个条款要成为有效的保证条款，需要同时满足合同当事人、意思表示一致以及标的三个要件。在民间借贷的保证条款中，经常出现仅有第三人签名、意思表示不明确或者标的不明确等情形，需要根据合同的成立规则予以认定。

保证合同的意思一致，是指债权人和保证人在保证人承担保证债务上形成合意。保证合同的完备合意，当然是双方当事人就保证合同的必备条款或者主要内容达成一致。此种合意是否符合法律规定，依法律是否可以产生法律拘束力，取决于此种意思表示是否同行为人的真实意思相符合，也就是说意思表示是否真实。当双方当事人对保证人签字或加盖公章的是否是其真实意思表示存在争议时，应当由债权人提供保证合同的缔约过程文件、交易习惯、履行过程等证据，用于证明该签字盖章具有保证合同关系成立的规范意义。因债权人主张第三人与其之间形成保证合同关系，因此，应当承担该签字或者盖章的行为具有建立保证关系的证明责任。如果债权人不能提供证据证明第三人在债权凭据或者借款合同中的签字盖章具有建立保证合同关系的法律意义，那么人民法院应当驳回债权人主张第三人承担保证责任的请求，作出保证合同关系不成立的判决。

保证合同关系不成立，虽然第三人不承担保证责任的法律后果，但应根据具体情况分析，第三人是否应当承担因保证合同不成立所形成的缔约过失责任。

编写人：山东省济南市中级人民法院　乔绪晓

40

民办学校作为保证人提供担保的效力

——江西新能源科技职业学院诉胡某根等民间借贷、保证合同案

【案件基本信息】

1. 裁判书字号

江西省新余市中级人民法院（2017）赣05民终318号民事判决书

2. 案由：民间借贷、保证合同纠纷

3. 当事人

原告（被上诉人）：胡某根

被告（上诉人）：江西新能源科技职业学院（以下简称新能源学院，原名江西太阳能科技职业学院）

被告：张某、廖某平、新余市建盟商品混凝土有限责任公司（以下简称建盟公司）、新余市建盛商品混凝土有限公司（以下简称建盛公司）

【基本案情】

2014年，胡某根、张某、江西太阳能科技职业学院、廖某平、建盟公司、建盛公司签订《借款及保证合同》，约定张某向胡某根借款1000万元；借期一个月，自2014年8月1日起至2014年9月1日止；月利率2%，借款到期，先息后本，利随本清；如张某未按期归还借款本金及利息，胡某根通过法律途径主张权利的，则由此发生的律师服务费（按诉讼标的额的5%计算）、诉讼费用、保全费、公告费等为实现债权的所有费用由张某承担；廖某平、建盟公司、建盛公司、江西太阳能科技职业学院自愿为该合同项下的借款本金、利息、逾期利息、律师服务等胡某根为实现债权的所有费用提供连带责任担保，担保期间为债务履行期限届满日次日起两年止。

2014年8月1日，胡某根、张某、江西太阳能科技职业学院、廖某平、建盟公

司、建盛公司签订《融资中介服务合同》，约定胡某根收取中介费用，每月中介费用按融资金额的1.5%计算，如延长融资期限，则胡某根继续按此标准收取中介费，如张某逾期归还借款本金、利息、中介费，则按每月融资总金额的1.5%向胡某根支付违约金；廖某平、建盟公司、建盛公司、江西太阳能科技职业学院自愿为该合同项下规定张某应履行的义务提供连带责任担保，担保范围包括中介费本金、利息、律师费用、违约金等胡某根为实现债权的所有费用。

2014年8月1日，张某向胡某根出具借条，写明借胡某根1000万元，借款期限为一个月，即2014年8月1日起至2014年9月1日止，月利率2%。江西太阳能科技职业学院、廖某平、建盟公司、建盛公司在该借条担保人一栏签名或盖章，愿意承担连带保证责任。2014年8月1日，2014年8月14日，2014年8月26日，胡某根分别向张某支付400万元、400万元、200万元。

胡某根委托渝水区城南办法律服务所法律工作者钟某华、涂某娟作为一审的诉讼代理人，支付了50000元的代理费用。

胡某根陈述张某于2014年9月5日还100万元，2014年9月22日还100万元，2014年9月29日200万元，2014年10月17日还400万元，总共归还了800万元，其余借款本金及利息未支付。

上述事实，有借款及保证合同、融资中介服务合同、农行转账凭证、借条、委托代理合同、发票、职业许可证等在案佐证。

【案件焦点】

1. 江西太阳能科技职业学院在名称变更为新能源学院后有无民事主体资格；2. 新能源学院参与签订的保证合同是否合法有效。

【法院裁判要旨】

江西省新余市渝水区人民法院经审理认为：1. 本案属民间借贷纠纷。张某向胡某根借款，双方形成借贷关系，该借款合同系双方真实意思表示，未违反法律、法规的禁止性规定，依法成立，合法有效。因约定的中介费，实际系利息，加上明确约定的月利率2%，实际月利率为3.5%，已超过法定上限，对于已支付的利息，可以按照年利率36%计算，尚未支付的利息，按照年利率24%计算，对于借款的时间，亦应当以实际出借日期开始计算，至2014年9月5日，利息为（4000000 ×

36/365 + 4000000 × 23/365 + 2000000 × 11/365） × 36% = 254466元，张某归还100万元中，254466元计入利息，尚欠本金10000000 -（1000000 - 254466） = 9254466元，至2014年9月22日，利息为9254466 × 17/365 × 36% = 155171元，张某归还155171元，尚欠本金9254466 -（1000000 - 155171） = 8409637元，至2014年9月29日，利息为8409637 × 7/365 × 36% = 58061元，尚欠本金8409637 -（2000000 - 58061） = 6467698元，至2014年10月17日，利息为6467698 × 18/365 × 36% = 114824元，尚欠本金6467698 -（4000000 - 114824） = 2582522元，故对于胡某根要求归还借款本金2720300元的诉讼请求，支持2582522元。2014年10月17日之后的利息，应以2582522元为基数，按年利率24%计算至还清之日止，暂算至2016年8月17日，利息为2582522 ×（1 + 10/12） × 24% = 1136310元，故对于胡某根要求张某支付利息1196932元（暂算至2016年8月17日）并按月利率2%支付自2016年8月18日起至还清之日止利息的诉讼请求，予以部分支持。2. 关于胡某根要求张某支付法律服务费用的诉讼请求，合同约定了费用比例为诉讼标的的5%，一审法院认为，胡某根要求的法律服务费用50000元约定过高，酌定支持20000元。3. 因廖某平、建盟公司、建盛公司已承诺担保，并注明担保形式为连带责任保证，担保范围包括了借款本金、利息、律师服务等费用，故对于胡某根要求廖某平、建盟公司、建盛公司对上述费用承担连带清偿责任的诉讼请求，予以支持。4. 新能源学院主张其是民办学校，为公益性事业单位，不具备担保资格。一审认为，虽然根据《中华人民共和国担保法》第九条之规定，学校、幼儿园、医院等以公益为目的的事业单位、社会团体不得为担保人，但民办学校是否具有公益性质存在争议，应作具体分析，新能源学院为职业教育类学校，其办学经费并非出自国家财政，举办者亦可以从中获取收益，其虽然具有一定的公益性，但并非以公益为目的，根据《最高人民法院关于适用〈中华人民共和国担保法〉若干问题的解释》第十六条“从事经营活动的事业单位、社会团体为保证人的，如无其他导致保证合同无效的情况，其所签订的保证合同应当认定为有效”的规定，认定新能源学院可以作为担保人承担责任。新能源学院主张加盖的“江西太阳能科技职业学院”的公章系在新能源学院更名之后，应为无效的意见，一审认为，新能源学院已认可“江西太阳能科技职业学院”的公章尚在使用，且新能源学院与“江西太阳能科技职业学院”系同一学校，故对于胡某根要求新能源学院承担连带清偿责任的诉讼请求，予以支持。

江西省新余市渝水区法院依照《中华人民共和国合同法》第二百零六条、第二百零七条,《中华人民共和国担保法》第十八条,《最高人民法院关于适用〈中华人民共和国担保法〉若干问题的解释》第十六条,《中华人民共和国民事诉讼法》第一百四十四条之规定,判决:一、张某于判决生效之日起十日内归还胡某根借款本金2582522元并支付利息1136310元(利息暂算至2016年8月17日,之后的利息以2582522元为基数,按年利率24%计算);二、张某于判决生效之日起十日内向胡某根支付法律服务费用20000元;三、廖某平、建盟公司、建盛公司、新能源学院对上述判决第一、二项款项承担连带清偿责任;四、驳回胡某根的其他诉讼请求。案件受理费38138元,保全费5000元,合计43138元由胡某根承担2157元,张某承担40981元,廖某平、建盟公司、建盛公司、新能源学院连带承担40981元。

新能源学院不服一审判决,提出上诉。江西省新余市中级人民法院经审理认为:本案争议焦点是:1. 江西太阳能科技职业学院在名称变更为新能源学院后有无民事主体资格;2. 新能源学院参与签订的保证合同是否合法有效。关于焦点一。新能源学院没有证据证明江西太阳能科技职业学院名称变更后原学校公章予以收回或销毁,也没有证据证明办理了注销登记。新能源学院自述因文凭发放需要,江西太阳能科技职业学院变更为新能源学院后,江西太阳能科技职业学院的印章仍用于学生的文凭盖章,亦即该学校名称变更后出现了两个印章同时使用的情形,故新能源学院主张江西太阳能科技职业学院因名称变更后无民事主体资格的诉请没有法律依据,不予支持。关于焦点二。2014年,新能源学院与胡某根签订《借款及保证合同》、《融资中介服务合同》,为张某向胡某根借款提供担保。《中华人民共和国担保法》第九条规定:"学校、幼儿园、医院等以公益为目的的事业单位、社会团体不得为保证人。"新能源学院作为民办学校,相较于公办学校,仅是投资渠道上的不同,并不能因此否定其公益属性,私立学校中的设施仍属于社会公益设施。根据上述法律规定,新能源学院为张某的借款提供担保的行为属依法不得为保证人的情形。由此,新能源学院与胡某根签订的保证合同为无效合同。《最高人民法院关于适用〈中华人民共和国担保法〉若干问题的解释》第七条规定:"主合同有效而担保合同无效,债权人无过错的,担保人与债务人对主合同债权人的经济损失,承担连带赔偿责任；债权人、担保人有过错的，担保人承担民事责任的部分，不应超过债务人不能清偿部分的二分之一。”本案中，胡某根、新能源学院在签订合同时均应知悉新能源学院属依法不得为保证人的民事主体，胡某根、新能源学院对案涉保证合同无效均存在过错，对此，胡某根、新能源学院应当根据其过错程度各自承担相应的民事责任。根据上述司法解释的规定并结合本案具体情况，新能源学院应对张某不能清偿的债务承担二分之一的赔偿责任。综上所述，新能源学院的上诉请求部分成立。一审认定事实清楚，适用法律不当，予以纠正。

江西省新余市中级人民法院依照《中华人民共和国担保法》第九条，《最高人民法院关于适用〈中华人民共和国担保法〉若干问题的解释》第七条，《中华人民共和国民事诉讼法》第一百七十条第一款第二项、第一百四十四条之规定，判决：

一、维持原判第一项、第二项、第四项；

二、变更原判第三项为：廖某平、建盟公司、建盛公司对原判第一、二项款项承担连带清偿责任；廖某平、建盟公司、建盛公司承担连带清偿责任后，有权向张某追偿。新能源学院对原判第一、二项款项不能清偿部分承担二分之一的赔偿责任，新能源学院承担赔偿责任后，有权向张某追偿；

三、驳回新能源学院的其他诉讼请求。

【法官后语】

民办学校是指受《民办教育促进法》规范调整，并在民政部门登记为非企业单位法人的，由国家机构以外的社会组织或者个人使用非国家财政性经费，面向社会举办的实施教育活动的机构。随着我国教育体制改革的深入，民办教育取得了快速发展，各类民办学校数量不断增长。中国产业信息研究网发布数据显示，截止2016年年底，我国共有各级各类民办学校（教育机构）17.1万所，其中民办幼儿园15.4万所，民办普通小学6046所，民办普通初中5014所，民办普通高中2655所，民办中等职业学校2247所，民办高校742所。民办学校在发展中由于自身融资需要或者其他考虑有时会对外提供担保，《担保法》及相关司法解释虽对学校担保效力做出了规定，但实践中对民办学校能否作为保证人仍然存在争议。一种观点认为，民办学校设立的目的是为了盈利，但客观上也起到教书育人的作用，《担保法》没有区分公立与民办，如果允许民办学校作保证人，将对社会造成相当严重的危害；另一种观点认为，只要登记为公益性的学校都应禁止作保证人；还有观点认为，民办学校办学经费并非出自国家财政，举办者亦可以从中获取收益，其虽具有一定的公益性，但并非以公益为目的，应当具备保证人资格。

《担保法》第九条规定："学校、幼儿园、医院等以公益为目的的事业单位、社会团体不得为保证人。"《最高人民法院关于适用（中华人民共和国担保法）若干问题的解释》（以下简称担保法解释）第三条规定："国家机关和以公益为目的的事业单位、社会团体违反法律规定提供担保的，担保合同无效。因此给债权人造成损失的，应当根据担保法第五条第二款的规定处理。"上述立法未明确民办学校保证人资格。《民法通则》将法人分为企业法人、机关法人、事业单位法人和社会团体法人，其中机关法人、事业单位法人和社会团体法人属于非企业法人。但经分析，民办学校并不属于上述法人中的任何一种，《民法通则》规定的四类法人的任何一种都不能涵盖民办学校，由此导致民办学校在我国法人体系中地位不明确，直接影响到民办学校性质的界定、权利义务的划分。

首先，民办学校不属于企业法人。企业法人是指以营利为目的的，独立从事商品生产、服务提供或其它经营活动的法人。其特点是：以营利为目的，即追求以较少的劳动和物资投入获取尽可能多的经济利益；经营取得的收益或者企业终止后的剩余财产可分配给其出资者，如股东、合伙人等。《教育法》和《民办教育促进法》则明确规定不得以营利为目的举办学校，且登记时也将民办学校登记为民办非企业单位法人。

其次，民办学校不属于事业单位法人。根据《事业单位登记管理暂行条例》及其实施细则的规定，事业单位是国家为了社会公益目的，由国家机关举办或者其他组织利用国有资产举办的，从事教育、科研、文化、卫生等活动的社会服务组织。事业单位应向事业单位登记管理机关申请登记或者备案。事业单位法人的举办主体不包括个人，只包括国家机关或者其他组织；民办学校的举办主体既有社会组织（包括法人和非法人单位），还包括个人。事业单位法人主要是利用国有资产举办的；民办学校的初始财产来源可以包括国有资产（不包括国家财政性经费）和非国有资产，但主要为非国有资产。事业单位按其职能划分为承担行政职能事业单位、从事生产经营活动事业单位和从事公益服务事业单位三类，而民办学校不能以营利为目的设立，只能从事教育事业。

再次，民办学校不属于社会团体法人。《社会团体登记管理条例》规定社会团体是指由中国公民自愿组成，为实现会员共同意愿，按照其章程开展活动的非营利性社会组织，包括各种协会、商会、学会、基金会等。民办学校与社会团体法人相比，有如下不同：一、民办学校取得的是民办非企业单位法人证书，社会团体法人取得的是社会团体法人登记证书。二、法律规定民办学校的举办者对学校投入的财产是出资，但并未明确该出资是投资还是捐助，如是投资，则是一种以营利为目的并追求收回成本、取得利益增值而使用财产的行为，这与法律规定的民办学校的宗旨不符；如是捐助，应为自愿行为。但是《民办高等学校办学管理若干规定》规定，及时、足额出资是出资人的义务，否则，有关部门有权限期将有关资产“强制过户”，此规定使得民办学校出资人的行为与捐助行为的无偿性、自愿性不同，而社会团体的财产来源具有明显的无偿性、自愿性。三、社会团体一般只是定期活动，其组织只是不经常活动的比较松散的组织，会员的组成具有社会性、松散性和不稳定性，而民办学校是比较固定的实体组织，有常设的董事会、理事会等组织机构，从事具有连续性、经常性的教育活动。

最后，民办学校也不属于机关法人。欣喜的是，已正式实施的《民法总则》对法人制度进行了重新调整。《民法总则》规定：为公益目的或者其他非营利目的成立，不向出资人、设立人或者会员分配所得利润的法人，为非营利法人。笔者认为，由于民办学校的特殊性，在民办学校是否可以作为保证人这个问题上，应回归立法本意，厘清何谓“以公益为目的”。以公益为目的是指政府机关、事业单位、社会团体、企业、其他社会组织、自然人等出资从事某种社会活动的目的不是为了出资自身的营利，而是为了向社会公众提供公共产品、公共服务，维护社会公共利益。《物权法》虽然只对担保物权作了规定，没有对保证作出规定，但是该法第一百八十四条之（三）规定不得抵押的财产和《担保法》第三十七条之（三）的规定相同，即学校、医院等以公益为目的的事业单位、社会团体的教育设施、医疗卫生设施和其他社会公益设施不得抵押。由上述规定可以看出，如果一个学校、医院不是以公益为目的，不具有公益性，而是以营利为目的，按照法无禁止即允许的原则，应该承认其具有保证人资格。由于民办学校在性质上类似于大陆法系的以公益为目的的财团法人，应在司法实践中明确以公益为目的的民办学校，不具有保证人资格；而在工商行政管理部门登记注册的民办教育培训机构不属于以公益为目的的单位，应当具有保证人资格。理由是：根据《民办教育促进法》第三条第一款“民办教育事业属于公益性事业，是社会主义教育事业的组成部分”、第五条第一款“民办学校与公办学校具有同等的法律地位”的规定，认定新能源学院属于以公益为目的的法人是正确的。民办学校所从事的教育活动是具有公益性的活动。民办学校的出资人对学校的出资实质属于捐助行为，出资人对于学校通过教育活动取得的收益并无利润分配请求权，这些收益只能用于学校自身的发展，继续投资于教育事业；出资人对于学校终止后的剩余财产也没有剩余财产分配请求权，这些财产应当转交给具有类似功能的公益性组织或者公共部门。如果这些以公益为目的的民办学校可以为他人的债务提供担保，成为保证合同的保证人，就可能给民办学校自身的正常运转造成不良影响，甚至严重危及学校本身的生存与发展，学生合法的受教育权利就得不到保障，就不利于社会和谐稳定。将《担保法》第九条和担保法解释第三条的规定适用于民办学校，禁止其担任保证人，将有助于贯彻落实公办学校和民办学校平等对待的法律和政策规定，使公办学校和民办学校互相促进、协同发展、互为补充，共同致力于教育事业的发展。

编写人：江西省新余市中级人民法院　朱伟

41

基于保证人追偿免诉制度的重复诉讼认定

——刘某元诉王某南等追偿权案

【案件基本信息】

1. 裁判书字号

福建省厦门市集美区人民法院（2017）闽 0211 民初 2660 号民事判决书、福建省厦门市集美区人民法院（2017）闽 0211 民初 2660 号民事裁定书

2. 案由：追偿权纠纷

3. 当事人

原告：刘某元

被告：王某南、王某霞、王某超、王某发、林某艺、王某阳

【基本案情】

2014年4月4日，王某南作为借款人，王某霞、王某发、王某超、刘某元、林某艺、王某阳作为保证人与农商行珩山支行（贷款人）签订《保证借款合同》（合同编号HT9020030140002068），约定借款金额为1500000元。合同约定保证人承诺愿为贷款人与借款人形成的债权提供保证担保，保证方式为连带责任保证，如有多个保证人，各保证人均承担连带责任保证。保证期限为该合同债务履行期限届满之日起二年。保证担保范围包括合同项下主债权本金、利息、罚息、违约金、损害赔偿金、实现债权的一切费用及其他应付费用（包括但不限于诉讼费、财产保全费等）。王某南作为借款人，王某霞、王某发、王某超、刘某元、林某艺、王某阳作为保证人分别在《保证借款合同》上签字。2014年4月4日，农商行珩山支行将1500000元贷款发放至王某南的账户。2015年4月3日借款到期后，王某南尚欠农商行珩山支行1485056.4元未还。王某霞、王某发、王某超、刘某元、林某艺、王某阳亦未向农商行珩山支行支付借款本息。鉴于此，厦门市集美区人民法院判决"一、王某南、王某霞应于本判决生效之日起十日内偿还厦门农村商业银行股份有限公司珩山支行借款本金1485056.4元及相应利息。二、王某发、王某超、刘某元、林某艺、王某阳对上述债务承担连带清偿责任。三、王某发、王某超、刘某元、林某艺、王某阳在承担上述连带清偿责任后，有权向王某南、王某霞追偿。四、驳回厦门农村商业银行股份有限公司珩山支行的其他诉讼请求。"上述判决生效后，王某南未履行判决确定的义务。在执行阶段，刘某元分别于2017年2月23日、2017年3月7日、2017年4月28日、2017年5月27日为王某南和王某霞向农商行珩山支行代偿借款本息共计258142.24元。王某南和王某霞至今未向刘某元偿还该代偿款。

【案件焦点】

1. 借款合同纠纷判决中关于保证人追偿权的判项是否具有强制执行效力；2. 借款纠纷判决已明确保证人追偿权的，保证人再提追偿权之诉是否构成重复起诉。

【法院裁判要旨】

福建省厦门市集美区人民法院经审理认为：刘某元作为保证人，根据本院生效判决确定的义务，为借款人王某南代偿借款本息 258142. 24 元，本院（2015）集民初字第 4056 号民事判决已经判决刘某元在承担连带清偿责任后有权向王某南、王某霞追偿，刘某元可依据该生效判决申请执行，无需再另行提起诉讼。虽然在（2015）集民初字第 4056 号案件中刘某元未作为原告就追偿权提出诉讼请求，但该判决依据《最高人民法院关于适用〈中华人民共和国担保法〉若干问题的解释》第四十二条第一款的规定判决刘某元在承担连带清偿责任后有权向王某南、王某霞追偿，系基于诉讼效益原则直接对保证人将来会提出的诉讼请求提前作出的处理，应视为已对保证人关于追偿权的诉讼请求进行了处理。现刘某元在本案中再次就其向王某南、王某霞的追偿权提起诉讼，针对该追偿权的诉讼与（2015）集民初字第 4056 号案件当事人相同、诉讼标的相同，且与该判决已处理的诉讼请求相同，实质上属于重复起诉，不符合诉讼效益原则。因此，应裁定驳回刘某元在本案中对王某南、王某霞的起诉，在判决中不予处理。

刘某元还主张王某超、王某发、林某艺、王某阳共同对王某南、王某霞对刘某元的偿还义务承担连带责任。根据《最高人民法院关于适用〈中华人民共和国担保法〉若干问题的解释》第二十条第二款的规定，连带共同保证的保证人承担保证责任后，向债务人不能追偿的部分，由各连带保证人按其内部约定的比例分担，没有约定的，平均分担。刘某元、王某发、王某超、林某艺、王某阳为本案案涉借款的连带共同保证的保证人，因此刘某元在履行保证责任后，就代偿的款项及利息损失向借款人王某南、王某霞不能追偿的部分，有权要求王某发、王某超、林某艺、王某阳进行分担。案涉的《保证借款合同》项下共有五名连带责任保证人，因合同未约定内部分担的比例，故刘某元未能向王某南、王某霞追偿的部分应由五名保证人平均分担，王某发、王某超、林某艺、王某阳应各自分担其中的五分之一份额。

福建省厦门市集美区人民法院依照《最高人民法院关于适用〈中华人民共和国担保法〉若干问题的解释》第二十条第二款，《中华人民共和国民事诉讼法》第一百四十四条之规定，判决：

一、王某发、王某超、林某艺、王某阳对刘某元就其代偿款 258142. 24 元通过执行程序未能向王某南、王某霞追偿的部分分别向刘某元承担五分之一份额的偿还责任。

二、驳回刘某元对王某发、王某超、林某艺、王某阳提出的其他诉讼请求。

福建省厦门市集美区人民法院依照《最高人民法院关于适用〈中华人民共和国民事诉讼法〉的解释》第二百四十七条之规定，作出如下裁定：

驳回刘某元对王某南、王某霞的起诉。

【法官后语】

《最高人民法院关于适用〈中华人民共和国担保法〉若干问题的解释》（以下简称担保法解释）第四十二条确立了保证人追偿免诉制度。判决保证人承担保证责任的判决一并明确了保证人在承担保证责任有权向债权人追偿的，保证人在承担清偿义务后，可依据判决直接对债权人申请执行，无需对债权人提起追偿权诉讼；若对债权人提起追偿权诉讼，则构成重复起诉。

一、借款合同纠纷判决中关于保证人追偿权的判项具有强制执行效力

借款纠纷判决中关于保证人追偿权的判项，应解释为具有给付内容的判项。保证人依法享有在履行保证责任后向债务人追偿的权利，自不必通过判决予以确认。判决保证人在承担保证责任后有权向债务人追偿，实质上就是判决债务人在保证人承担保证责任后在保证人承担责任的范围内向保证人清偿债务，是具有给付内容的判项。该判项针对的是给付义务即执行标的在内容上可确定为支付金钱，虽然金钱的数额未明确，但只要在保证人承担保证责任后就可以确定。该给付义务的权利人为保证人，义务人即被执行人为借款合同的债务人。因此，该判项为具有给付内容且执行标的、被执行人明确的判项，具有可执行性。另外，根据担保法解释第四十二条第一款后段的规定，如果判决主文没有明确保证人对债务人的追偿权的，保证人只能按照承担责任的事实另行提起诉讼。反过来看，在借款纠纷判决主文中明确保证人对债务人的追偿权的，保证人就无需另行提起诉讼，也即，保证人可依据判决和承担责任的事实直接申请执行。否则，担保法解释第四十二条第一款后段的规定就毫无意义。

本案中，刘某元作为保证人，根据本院生效判决确定的义务，为借款人王某南代偿借款本息258142.24元，本院（2015）集民初字第4056号民事判决已经判决

刘某元在承担连带清偿责任后有权向王某南、王某霞追偿，刘某元可依据该生效判决申请执行，无需再另行提起诉讼。

二、借款纠纷判决已明确保证人追偿权的，保证人再提追偿权之诉构成重复起诉

已经发生法律效力的判决对当事人和人民法院具有既判力，如果当事人的争议已经生效判决确定，当事人不得再就该争议提起诉讼，否则构成重复起诉。重复起诉指向的是当事人要求法院处理的法律关系，存在当事人、争议事实、诉讼标的三个判断要素。

借款合同纠纷判决中明确保证人追偿权的判项，已经对将来保证人承担保证责任后向债务人进行追偿而产生的争议进行了处理。虽然在借款纠纷案件中保证人未对债务人提出诉讼请求，但前述判项基于司法解释的特别规定，对未来保证人可能提出的诉讼请求提前处理，也应视为针对单独的诉讼请求的判项。如果保证人承担保证责任后对债务人提起追偿权之诉，虽然与前诉案由不同，但与前述判项涉及的当事人相同——均为保证人和债务人，诉讼标的相同——均为保证人与债务人之间的追偿权法律关系，诉讼请求相同——均为请求清偿保证人为履行保证责任而支付的款项，因此构成重复起诉。

因此，本案中刘某元对王某南、王某霞的起诉实质上属于重复起诉，应裁定驳回。

编写人：福建省厦门市集美区人民法院　李乐

42

妻子替丈夫担保应承担共同偿还责任

——苏某文诉陈某南、郑某明民间借贷案

【案件基本信息】

1. 裁判书字号

福建省德化县人民法院（2018）闽0526民初1692号民事判决书

2. 案由：民间借贷纠纷

3. 当事人

原告：苏某文

被告：陈某南、郑某明

【基本案情】

陈某南与郑某明系夫妻关系，两人于1990年6月23日办理结婚登记。2013年8月8日、2015年1月7日，苏某文通过银行分别汇款520000元、580000元，两笔合计1100000元给陈某南。2016年1月4日，陈某南出具借条一张交由苏某文收执。借条载明“向苏某文借人民币计壹佰万元正，用生意周转。（￥1000000.00元）”。陈某南、郑某明分别作为借款人及担保人在借条上签字并摁印。嗣后，陈某南共偿还借款700000元，尚欠300000元未偿还。

【案件焦点】

郑某明是否应当承担责任。

【法院裁判要旨】

福建省德化县人民法院经审理认为：陈某南尚欠苏某文借款300000元，有苏某文提供的借条、银行交易信息为据，且陈某南不持异议，双方的意思表示真实，事实清楚，证据充分，借贷关系合法有效，受法律保护，陈某南应当偿还苏某文尚欠的借款300000元。《最高人民法院关于审理民间借贷案件适用法律若干问题的规定》第二十九条第二款第一项规定，既未约定借期内的利率，也未约定逾期利率，出借人主张借款人自逾期还款之日起按年利率6%支付资金占用期间利息的，人民法院应予支持。苏某文诉讼要求陈某南支付自起诉日2018年4月24日起至还款日止按年利率6%计算的利息，符合上述法律规定，本院予以支持。对于苏某文要求郑某明共同承担偿还借款本息的诉讼请求。《最高人民法院关于审理涉及夫妻债务纠纷案件适用法律有关问题的解释》第一条规定，夫妻双方共同签字或者夫妻一方事后追认等共同意思表示所负的债务，应当认定为夫妻共同债务。因郑某明已在借条上以配偶身份作为担保人签名确认，故上述债务应视为夫妻共同债务，应由郑某明、陈某南共同偿还。

福建省德化县人民法院依照《中华人民共和国民法通则》第九十条、第一百零八条，《最高人民法院关于审理民间借贷案件适用法律若干问题的规定》第二十九条第二款第一项，《最高人民法院关于审理涉及夫妻债务纠纷案件适用法律有关问题的解释》第一条，《中华人民共和国民事诉讼法》第一百四十四条，《最高人民法院关于适用〈中华人民共和国民事诉讼法〉的解释》第九十条第一款之规定，作出如下判决：

陈某南、郑某明应于本判决生效之日起三十日内偿还苏某文借款300000元及利息（自2018年4月24日起至还款日止按年利率6%计算）。

一审判决后，各方当事人均未提起上诉。

【法官后语】

随着社会经济的高速发展，越来越多的民间借贷孕育而生，伴随而来的是矛盾的大量激增，其中，在审理民间借贷案件中，认定是否属于夫妻共同债务，成为人民法院在审理此类案件中所要关注的重点。

在《最高人民法院关于审理涉及夫妻债务纠纷案件适用法律有关问题的解释》颁布前，判断是否属于夫妻共同债务，依据的是《最高人民法院关于适用〈中华人民共和国婚姻法〉若干问题的解释（二）》第二十四条的规定，这就需要夫妻一方举证证明另一方与债权人之间明确约定为个人债务。而在实务中，存在一方隐瞒另一方向外大量举债，而另一方又无法举证证明为个人债务的情况，进而在不知情的情况下需要承担共同偿还的责任，这样容易导致家庭矛盾的爆发、造成社会秩序的不稳定。

新的司法解释颁布后，根据第三条“夫妻一方在婚姻关系存续期间以个人名义超出家庭日常生活需要所负的债务，债权人以属于夫妻共同债务为由主张权利的，人民法院不予支持，但债权人能够证明该债务用于夫妻共同生活、共同生产经营或者基于夫妻双方共同意思表示的除外”的规定，举证责任在债权人处，本案中，因涉案金额巨大，明显超出家庭日常生活所需，而苏某文无法举证证明陈某南所借款项用于夫妻共同生活，因而容易判定郑某明无需承担责任。

但值得注意的是，本案中，郑某明作为担保人在借条上签字，其签字的行为应当适用司法解释第一条“夫妻双方共同签字或者夫妻一方事后追认等共同意思表示所负的债务，应当认定为夫妻共同债务”的规定，其中的“夫妻双方共同签字”，应当理解为夫妻双方共同在借条上签字，不论其是借款人或是担保人。因此，郑某明作为陈某南的妻子，在借条上签字，符合上述司法解释第一条之规定，故应认定为夫妻共同债务，郑某明应承担共同偿还的责任。

也许有人会问，郑某明替陈某南担保的行为，可否适用《担保法》的相关规定，承担担保责任。担保法创设保证制度的目的在于保障债权的实现，因此，保证人须具有代为清偿债务的能力。本案中，因该债务属夫妻共同债务，郑某明作为夫妻共同体的一员为另一方借款对外担保，其不具有《担保法》意义上的代为清偿夫妻共同债务的能力，否则将成立“自己”为“自己”借款的担保，违反了保证的保障债权实现的作用，因此郑某明不能作为夫妻共同债务的保证人，故郑某明的担保无效。

现实生活中，越来越多的民间借贷案件中出现这种“夫妻互保”的情形。本案的典型意义在于，在《最高人民法院关于审理涉及夫妻债务纠纷案件适用法律有关问题的解释》颁布后，在处理“夫妻互保”的情形时，妻子仍应承担共同偿还的责任。

编写人：福建省德化县人民法院　尤珮灿

三、抵　押

43

无证据证明未成年被监护人对抵押事实知情或同意的，法院不宜对其名下抵押房屋准许拍卖、变卖

——东方邦信创业投资有限公司诉王某欣申请实现担保物权案

【案件基本信息】

1. 裁判书字号

北京市朝阳区人民法院（2017）京0105民特444号民事裁定书

2. 案由：申请实现担保物权纠纷

3. 当事人

原告：东方邦信创业投资有限公司（以下简称东方邦信公司）

被告：王某欣

【基本案情】

2016年4月12日，东方邦信公司与华夏银行股份有限公司北京阜外支行（以下简称华夏银行）、北京居泰隆科贸有限公司（以下简称居泰隆公司，法定代表人为王某一）签订《委托贷款借款合同》，约定东方邦信公司委托华夏银行向居泰隆公司发放委托贷款4600万元。为担保东方邦信公司对居泰隆公司贷款债权的实现，王某欣（王某一之女）与东方邦信公司签订《房产抵押合同》，并办理了抵押登记。东方邦信公司委托华夏银行向居泰隆公司发放了贷款，后居泰隆公司并未依约还本付息。东方邦信公司请求准许拍卖/变卖王某欣抵押给东方邦信

公司的房屋，并以拍卖、变卖所得价款由东方邦信公司在应收本息及逾期利息范围内及因居泰隆公司未按约定期限还款行为给东方邦信公司造成的包括但不限于律师费用等损失承担的赔偿责任的范围内优先受偿。诉讼中，王某欣法定代理人王某一到庭，称：《主债权及房屋抵押合同》中王某欣的签字是由王某一代签的，王某一在签订上述合同时并未取得王某欣的同意，王某欣并不知道抵押的事情，不认可居泰隆公司欠款的事实。另，王某欣于2001年出生，现16岁，在国外读书。

【案件焦点】

实现担保物权案件中，无证据证明未成年被监护人对抵押事实知情或同意的，不宜对其名下抵押房屋准许拍卖、变卖。

【法院裁判要旨】

北京市朝阳区人民法院经审理认为：王某欣的父亲王某一为居泰隆公司的法定代表人，居泰隆公司为经营所需，向东方邦信公司借款。王某一作为王某欣的法定代理人代王某欣在《主债权及房屋抵押合同》中签字并办理了抵押登记。根据《中华人民共和国民法总则》第三十五条规定，监护人应当按照最有利于被监护人的原则履行监护职责。监护人除为维护被监护人利益外，不得处分被监护人的财产。王某一在本案中称王某欣并不知道其办理抵押登记一事，东方邦信公司也未向本院提交王某欣知晓并同意王某一以王某欣的房产办理抵押登记的相关材料。鉴于此，《主债权及房屋抵押合同》的效力问题尚存在不确定性，故东方邦信公司的申请不符合法律规定。

北京市朝阳区人民法院依照《中华人民共和国民事诉讼法》第一百九十七条、《最高人民法院关于适用〈中华人民共和国民事诉讼法〉的解释》第三百七十一条之规定，裁定如下：

驳回东方邦信创业投资有限公司的申请。

【法官后语】

《民事诉讼法》在特别程序中确立了实现担保物权制度，与物权法规定的担保物权制度相衔接，但鉴于规定过于原则化，实现担保物权案件的收案量并不多。《最高人民法院关于适用〈中华人民共和国民事诉讼法〉的解释》对实现担保物权程序进行进一步细化，实现担保物权案件的收案量明显上升。其中，《最高人民法院关于适用〈中华人民共和国民事诉讼法〉的解释》第三百七十一条规定，人民法院应当就主合同的效力、期限、履行情况，担保物权是否有效设立、担保财产的范围、被担保的债权范围、被担保的债权是否已届清偿期等担保物权实现的条件，以及是否损害他人合法权益等内容进行审查。被申请人或者利害关系人提出异议的，人民法院应当一并审查。该条规定明确了实现担保物权案件应该审查的范围。在本案中，王某一作为居泰隆公司的法定代表人对基础债权的金额、履行情况等事实均予以认可，但是目前无证据证明被监护人王某欣对涉案房屋抵押处分事实知情或同意，监护人私自处分王某欣名下的房产，可能会涉及无权代理、抵押权是否有效设立的问题，且王某欣作为未成年人，其名下房产系谁出资购买的事实也有待查清。如果对涉案房屋进行拍卖、变卖，会损害到被监护人王某欣的利益，也可能会损害其他利害关系人的合法权益。

在审查实现担保物权案件中，尤其是抵押物为房产类不动产时，应注重审查有无损害相关权利人合法权益的情况，比如未成年人名下房产、夫妻双方名下共同所有的房产，在抵押人及其他相关权利人无法到庭陈述抵押设立的真实性，也未出具相关书面材料时，不宜直接对房产准许拍卖、变卖。

目前对实现担保物权案件中被申请人下落不明能否适用公告送达，理论界仍存在争议。考虑到实现担保物权案件为特别程序的一种，在被申请人未到庭情况下难以核实相关证据材料的真伪，不宜在被申请人下落不明的情况直接作出拍卖、变卖担保财产的裁定，一方面是被申请人的异议权利无法得到相应保证，另一方面尽量避免案件在执行过程中相关权利人提出执行异议，造成后续不必要的诉累。

编写人：北京市朝阳区人民法院　阮健　张艺馨

44

抵押权人怠于行使抵押权是否应视为放弃抵押权

——刘某珍诉湖南泸溪农村商业银行股份有限公司抵押权案

【案件基本信息】

1. 裁判书字号

湖南省湘西土家族苗族自治州中级人民法院（2017）湘31民再22号民事判决书

2. 案由：抵押权纠纷

3. 当事人

原告（被上诉人）：刘某珍

被告（上诉人）：湖南泸溪农村商业银行股份有限公司（原泸溪县农村信用合作联社，以下简称泸溪农商行）

【基本案情】

2005年6月15日，原告刘某珍与被告泸溪农商行签订了一份《抵押合同》，愿意用权证号为泸房权证浦字第×××号的砖木结构房屋一套，为债务人张媛媛向被告泸溪农商行借款90000元作抵押担保，并在泸溪县房地产管理局办理了房屋抵押登记手续。同月21日，张媛媛与泸溪农商行签订了《借款合同》并立了借据，借款金额为人民币90000元，期限为2005年6月21日至2007年6月20日。借款到期后，被告既未向债务人张媛媛催收借款，也未向原告行使担保物权。2013年9月11日，原告向泸溪县人民法院提起诉讼，请求判令免除自己的抵押担保责任并由被告返还其房产证。

【案件焦点】

主债权时效届满后，抵押权人泸溪农商行怠于行使抵押权，是否可视为其放弃抵押权。

【法院裁判要旨】

湖南省泸溪县人民法院经审理认为：本案主债权已超诉讼时效，泸溪农商行未在主债权诉讼时效届满两年内向抵押人主张行使担保物权，应视为对抵押权的放弃，当事人所签订的《抵押合同》约定的担保物权归于消灭，并依据《最高人民法院关于适用〈中华人民共和国担保法〉若干问题的解释》第十二条第二款判决：

泸溪农商行因《抵押合同》所享有的担保物权消灭，免除原告对所担保债权的清偿责任，并返还原告刘某珍的房产证。

被告泸溪农商行不服提起上诉。湖南省湘西土家族苗族自治州中级人民法院经审理认为，根据物权法定原则，物权的种类和内容必须由法律直接规定，我国《物权法》并没有规定诉讼时效超过后抵押权消灭，主债权诉讼期限届满，抵押权人丧失的是抵押权受人民法院保护的权利，即胜诉权，抵押权人只是不能通过人民法院请求拍卖或变卖抵押财产，但仍可以通过与抵押人协议等方式就抵押财产优先受偿，而抵押权本身并没有消灭，只是成为自然权利，即相对于抵押人为自然债务，但自然债务并不因丧失国家强制力保护而当然解除，如果抵押人自愿履行担保义务的，抵押权人仍可以行使抵押权。根据《物权法》第二百零二条的规定，上诉人泸溪农商行丧失的是胜诉权而不是物权，刘某珍无权提起诉讼。二审判决：

驳回原告刘某珍的诉讼请求。

二审判决生效后，本案经院长发现启动再审。

湖南省湘西土家族苗族自治州中级人民法院经再审审理认为：抵押权人怠于行使抵押权，导致抵押权已不能通过诉讼实现，如果任凭该状态持续，则不利于抵押物的有序流转及价值实现。据此，认定抵押权消灭，更为符合立法原则，更有利于最大限度发挥财产的效能。鉴于涉案抵押权已消灭，故抵押人不再承担抵押担保责任，且抵押权人应当协助抵押人办理解除抵押登记手续。而本案二审判决适用《物权法》第二百零二条认定抵押权仅丧失胜诉权，存在适用法律错误、处理不当的情形。一审判决主文存在错误如下：1. 当事人并未请求确认抵押权消灭，而是请求判令不再承担抵押责任，但一审判决将抵押权消灭的认定载明于判决主文，存在“判非所请”的情形；2. 涉案房产证正本并不保存在抵押权人之处，判决主文叙述由泸溪农商行返还房产证，存在不当。

湘西土家族苗族自治州中级人民法院依照《中华人民共和国民事诉讼法》第二百零七条、《最高人民法院关于适用〈中华人民共和国民事诉讼法〉的解释》第四百零七条、《最高人民法院关于适用〈中华人民共和国担保法〉若干问题的解释》第十二条第二款的规定，作出如下判决：

一、撤销（2013）州民二终字第66号民事判决及湖南省泸溪县人民法院（2013）泸民初字第240号民事判决；

二、二审被上诉人刘某珍不再承担本案抵押担保责任；

三、二审上诉人泸溪农商行于本判决生效之日起十日内，协助二审被上诉人刘某珍办理解除房产抵押登记手续。

【法官后语】

本案处理的重点在于主债权时效届满后，抵押权人怠于行使抵押权，是否应视为其放弃抵押权。我国《物权法》第一百七十七条规定："有下列情形之一的，担保物权消灭：（一）主债权消灭；（二）担保物权实现；（三）债权人放弃担保物权；（四）法律规定担保物权消灭的其他情形。"该法第二百零二条规定："抵押权人应当在主债权诉讼时效期间行使抵押权；未行使的，人民法院不予保护。"

具体到本案中，一、二审法院审理思路出现分歧，其主要原因在于对上述规定的不同理解。一审认为，泸溪农商行作为抵押权人怠于行使抵押权，未在主债权诉讼时效届满两年内向抵押人主张行使担保物权，应视为对抵押权的放弃，根据物权法定原则，债权人放弃担保物权从而导致担保物权的消灭，应承担不利的诉讼后果。二审则认为，根据《物权法》第二百零二条的规定，抵押权人怠于行使抵押权导致的后果是上诉权的丧失，而不是担保物权的消灭，其抵押权转为自然权利，抵押权人不能通过人民法院请求拍卖或变卖抵押财产，但仍可以通过与抵押人协议等方式就抵押财产优先受偿，如果抵押人自愿履行担保义务的，抵押权人仍可以行使抵押权。再审认为，抵押权人怠于行使抵押权，导致抵押权已不能通过诉讼实现，如果任凭该状态持续，则不利于抵押物的有序流转及价值实现，认定抵押权消灭，更为符合立法原则，更有利于最大限度发挥财产的效能。

值得注意的是，抵押权人怠于行使抵押权导致担保物权的消灭，虽然使得抵押物有序流转，有利于财产的价值实现，但是也存在一定的问题，比如说抵押权人

（特别是金融机构）与抵押人之间恶意串通，从而导致国有资产的流失，故在审理案件时应当着重审理抵押权人怠于行使抵押权的原因，从而再定性判决。

编写人：湖南省湘西土家族苗族自治州中级人民法院　周伟

45

抵押物被查封后最高额抵押所担保的债权确定

——王某光诉中信银行股份有限公司总行营业部抵押合同案

【案件基本信息】

1. 裁判书字号

北京市第二中级人民法院（2017）京02民终10328号民事判决书

2. 案由：抵押合同纠纷

3. 当事人

原告（被上诉人）：王某光

被告（上诉人）：中信银行股份有限公司总行营业部（以下简称中信银行）

【基本案情】

2014年5月23日，王某光与中信银行签订了8252号授信协议及8252号抵押合同。8252号抵押合同约定，王某光自愿以其享有所有权的个人住房作为抵押物担保王某光在8252号授信协议项下所欠中信银行的所有债务能得到按时足额偿还。最高额抵押是指中信银行与王某光之间就王某光在一定期间内连续发生的多笔债务确定一个最高额度，王某光以其享有所有权的住房在最高额度内对其履行债务向中信银行提供担保；本抵押担保的主债权为在授信期间内，授信协议项下各具体合同所形成的全部债权，即2014年至2024年因中信银行向王某光综合授信而形成的一系列债权；在王某光清偿了主合同项下全部债务后，王某光有权要求解除8252号抵押合同项下的抵押。随后，中信银行以案涉抵押房产为抵押房产，于2014年6月5日取得最高额抵押权。在8252号授信协议项下，中信银行于2014年6月16日向王某光放款480万元。中信银行与王某光共同确认该笔贷款已于2015年还清。

2015年7月30日，王某光与中信银行签订了2845号授信及抵押合同，约定中信银行经审查同意王某光授信申请，并接受其提供的最高额抵押担保。2845号授信及抵押合同附件一《个人抵押住房清单》记载，抵押物与涉案抵押房产相同。2015年8月18日，中信银行与王某光签订了借款合同，约定贷款金额为4800000元，借款合同对应的授信及担保协议为2845号授信及抵押合同。同日，中信银行向王某光发放贷款4800000元。《个人借款凭证（借据）》显示该笔借款对应的借款合同为上述借款合同。

2016年4月6日，抵押房产被北京市朝阳区人民法院查封，查封文书为（2015）朝民初字第68911号之一。

【案件焦点】

1. 2015年8月18日，中信银行向王某光发放的4800000元贷款所对应的授信合同为何；2. 8252号抵押合同所担保的债权是否已经确定；3. 中信银行是否应当协助王某光办理注销8252号抵押合同项下的抵押登记。

【法院裁判要旨】

北京市西城区人民法院经审理认为：中信银行与王某光签订的8252号授信协议、8252号抵押合同及2845号授信及抵押合同均已成立并生效，且书面证据证明第二笔具体借款发生在2845号授信及抵押合同项下。上述书面证据的证明力大于中信银行内部系统所载内容的证明力。8252号授信协议项下仅存续过一笔具体贷款，且该笔贷款已于2015年偿清。8252号抵押合同约定，王某光以其名下抵押房产向中信银行提供最高额抵押担保，中信银行所取得的他项权证也明确记载抵押种类为最高额抵押。《中华人民共和国物权法》第二百零六条规定："有下列情形之一的，抵押权人的债权确定：……（四）抵押财产被查封、扣押……"根据已查明的事实，王某光名下抵押房产已经在2016年4月6日被有权机关查封。因此，8252号抵押合同所担保的债权亦在该日得以确定。截至2016年4月6日，8252号抵押合同所担保的8252号授信协议项下并无存续的债权。换言之，因抵押房产被查封导致中信银行的债权确定之时，8252号抵押合同项下的最高额抵押并没有担保的对象，此后也不可能出现新的债权作为担保对象。因此，自2016年4月6日抵押房产被查封之后，8252 号抵押合同项下的最高额抵押所担保的债权已经确定，即事实上不存在，也不可能出现新的作为担保对象的债权。《中华人民共和国担保法》第五十二条规定：抵押权与其担保的债权同时存在，债权消灭的，抵押权也消灭。因此，在 8252 号抵押合同项下最高额抵押权同样归于消灭。综上所述，一审认为王某光有权要求中信银行协助其注销该最高额抵押登记。一审法院依照《中华人民共和国物权法》第二百零六条、《中华人民共和国担保法》第五十二条之规定，判决如下：

被告中信银行协助原告王某光注销位于抵押房产在《（2014）富银房授抵字第 8252 号中信银行个人住房抵押综合授信最高额抵押合同》项下所设立的最高额抵押登记。

中信银行不服一审判决提出上诉，北京市第二中级人民法院经审理认为：一审法院认定事实清楚，适用法律正确，判决：

驳回上诉，维持原判。

【法官后语】

本案基本事实可被梳理如下：王某光与中信银行先后签订两份授信及担保协议。在第一份授信及担保协议项下，中信银行取得了抵押房产对应的最高额抵押权，并向王某光发放第一笔具体借款，该笔借款到期后清偿完毕。此后，王某光与中信银行签订第二份授信及担保协议。在第二份授信及担保协议项下，中信银行未取得抵押房产对应的最高额抵押权，但却向王某光发放第二笔具体借款。而该笔借款最终发生逾期。第一笔具体借款清偿后，抵押房产被司法查封。此时如何认定第一份授信及担保协议项下最高额抵押权的效力就是本案的核心争议。

一种意见认为，根据《物权法》第二百零六条规定，抵押物被查封、扣押的，最高额抵押所担保的债权确定。中信银行作为债权人，就王某光名下抵押房产取得最高额抵押权。在抵押房产被查封后，中信银行对王某光的债权便得以确定。而在本案情形中，查封之时王某光在第一份授信及担保协议项下对中信银行不负债务，如此一来适用《物权法》上述规定后得出的逻辑结论便是中信银行在第一份授信及担保协议项下对王某光不享有债权，并且由于债权已经确定，即使授信期限尚未届满，未来也不可能会有新的债权产生。这便是《物权法》第二百零六条作为强制性规范所必然导出的法律效果。

另一种意见则认为，即便中信银行自身疏于审查，导致第二笔具体借款在法律事实层面发生于未设立抵押权的第二份授信及担保协议项下。但是综合全案事实，不难认定王某光与中信银行之间实际上达成了借新还旧的合意。两份授信及担保协议虽然在形式上构成两个不同的法律关系，但若从诚实信用原则出发，为避免更大的不公平结果出现，穿透合同文本对中信银行与王某光之间实质延续的借款合同关系予以认定，恐怕也具备相当的合理性。结论必然就是抵押房产所担保主债权也包括第二份授信及担保协议项下的第二笔具体借款，王某光的诉讼请求自然应当予以驳回。

本案中两审法院都采纳了第一种意见。两种意见之间的差异不在于法律技术的对错，而在于价值立场的取舍。第二种意见追求实质正义，但却在一定程度上牺牲了形式公平。相比之下，鉴于中信银行作为债权人在签订及履行合同的过程中存在重大过失，就本案而言第一种意见更为稳妥，也更为可取。

值得一提的是，规定最高额抵押物被查封或扣押时主债权确定固然保障了相应强制程序得以顺利进行，但是在一系列配套措施缺位的情况下，抵押权人的利益却面临受损的风险。这一规定消除了抵押权人与抵押人恶意串通虚构债权损害第三人债权人利益的同时，却也增加了债务人与他人恶意串通，利用核押与放款之间空当使贷款脱保的可能性。因此，有必要设置相应的通知程序，并明确通知主体以及债权确认的时点，避免抵押权人的正当权益因此受损。

编写人：北京市西城区人民法院　宋健

46

反担保责任承担与否需审查提供反担保者的真正意思表示

——扬州市宏大饲料有限公司诉王某海、俞某喜担保责任追偿权案

【案件基本信息】

1. 裁判书字号

江苏省扬州市中级人民法院（（2017）苏10民终3445号民事判决书

2. 案由：担保责任追偿权纠纷

3. 当事人

原告（被上诉人）：扬州市宏大饲料有限公司（以下简称宏大公司）

被告（上诉人）：王某海、俞某喜

【基本案情】

黄某宝系宝丰公司的法定代表人，黄某宝欲向农商行甘垛支行申请贷款50万元，并向宏大公司提出希望为其担保。宏大公司为保证日后追偿，要求黄某宝提供反担保。因此，2014年7月17日、7月18日，王某年及俞某喜、王某海分别向宏大公司出具《反担保合同书》，合同书上载明，“兹有黄某宝向高邮农村商业银行甘垛支行申请贷款伍拾万元（500000元），期限一年，由宏大公司为其担保，我自愿为其提供反担保，此次贷款到期如不能按期偿还，我将负连带责任，负责偿还此次贷款的全部本金及利息等相关费用”。2014年7月29日，宝丰公司与农商行甘垛支行签订《流动资金循环借款合同》一份，借款50万元，借款期限为2014年7月29日至2015年1月25日。同日，宏大公司与农商行甘垛支行签订《最高额保证合同》，自愿为上述50万元借款提供担保，保证期间为2014年7月29日至2015年1月25日。贷款到期后，由于宝丰公司没有按时偿还，宏大公司于2015年2月3日经其会计顾某林的账户分三笔将50万元汇入宝丰公司的法定代表人黄某宝的账户内，由黄某宝偿还了该笔贷款。2015年2月4日，宝丰公司再次与农商行甘垛支行签订《流动资金循环借款合同》一份，再次借款50万元，借款期限为2015年2月4日至2015年7月15日。同日，宏大公司又与农商行甘垛支行签订《最高额保证合同》，又一次为借款50万元提供担保，保证期间为2015年2月4日至2015年7月15日。其后，农商行甘垛支行向宏大公司发出贷款催收通知书，要求宏大公司提前履行保证责任，宏大公司遂于2015年5月11日出具转账支票，金额为510559.71元，收款人为宝丰公司，用途为偿还贷款。同日，宝丰公司偿还了该笔贷款。

另查明，宝丰公司及其法定代表人黄某宝2014年7月17日至2015年7月16日在农商行甘垛支行，除本案诉争的50万元贷款外，无其他贷款记录。

【案件焦点】

对宏大公司为宝丰公司所担保的50万元，王某海、俞某喜是否应承担反担保责任。

【法院裁判要旨】

江苏省高邮市人民法院经审理认为：两被告向原告出具的《反担保合同书》里已载明自愿提供反担保，该《反担保合同书》系两被告的真实意思表示，真实有效。关于《反担保合同书》记载的反担保对象与实际借款的情况的差别，即“黄某宝”与“宝丰公司”之差。依据《反担保合同书》中的“向高邮农村商业银行甘垛支行申请贷款伍拾万元”以及“由宏大公司为其担保”等其他记载及查明的第三人及其法定代表人在2014年7月17日至2015年7月16日无其他贷款记录，能够确定两被告的反担保对象即是本案诉争的50万元贷款的本息。况且第三人宝丰公司系黄某宝注册的自然人独资公司，黄某宝系其法定代表人。因此，《反担保合同书》中的记载与实际贷款之间虽有差别，但不影响原告与两被告之间的反担保关系成立。

江苏省高邮市人民法院作出如下判决：

一、被告王某海、俞某喜于本判决生效之日起十日内向原告宏大公司支付代偿的本息510559.71元；

二、驳回原告宏大公司的其他诉讼请求。

被告王某海、俞某喜不服原审判决，提起上诉。

江苏省扬州市中级人民法院经审理认为：宏大公司为宝丰公司所担保的50万元，王某海、俞某喜应承担反担保责任。理由如下：其一，王某海、俞某喜在《反担保书》中提供反担保的意思表示明确；对于若黄某宝无力还款，则由其向担保人宏大公司承担连带责任的法律后果是明知的。其二，黄某宝系宝丰公司的唯一股东，是宝丰公司的实际控制人；农商行甘垛支行已证实，宝丰公司及黄某宝在2014年7月17日至2015年7月16日无其他贷款记录；故本案所涉50万元贷款名义上系宝丰公司所借，实际上系黄某宝所借。其三，王某海、俞某喜系黄某宝的近亲属，应当知晓黄某宝与宝丰公司之间的关系，由王某海、俞某喜承担反担保责任未加重王某海、俞某喜的负担。其四，本案所涉50万元借款在《反担保书》约定的期限内。

江苏省扬州市中级人民法院作出如下判决：

驳回上诉、维持原判。

【法官后语】

本案涉及反担保。反担保是指为保障债务人之外的担保人将来承担担保责任后对债务人的追偿权的实现而设的担保。我国《担保法》第四条规定“第三人为债务人向债权人提供担保时，可以要求债务人提供反担保。反担保适用本法担保的规定。”

反担保的成立需具备以下条件：一是第三人先向债权人提供了担保，才能有权要求债务人提供反担保；二是债务人或债务人之外的其他人向第三人提供担保；三是只有第三人为债务人提供保证、抵押或者质押担保时，才能要求债务人向其提供反担保；四是需符合法定形式，即反担保应采用书面形式，依法需办理登记或移交占有的，应办理登记或转交占有手续。

反担保采用书面形式的，一般而言会明确记载着需反担保的债务数额、担保人等要素，但民事主体非专业人士，因受法律专业知识多少所限，其认知影响了反担保书的明确性。例如本案，反担保书中记载为：两被告系为以“黄某宝”名义贷款的50万元提供反担保，但本案所涉需两被告承担反担保责任的债务却是以“宝丰公司”名义向银行获批50万元的贷款。因此，反担保书中记载的与实际需承担反担保责任的债务存在差异。

当出现上述差异时，如何确定提供反担保者是否需承担反担保责任？以本案为例进行阐述。首先，本案涉及两笔贷款，一是以“黄某宝”个人名义申请的50万元贷款，二是以“宝丰公司”名义申请的50万元贷款，但不管前述两笔贷款中的哪一笔，均有宏大公司提供保证，且采用了书面形式，已具备了反担保的成立要件。其次，若需本案提供反担保者（即两被告）承担反担保责任，就必须审查提供反担保者的真实意思究竟是为哪一笔债务提供反担保。虽该两笔50万元的贷款主体有所差异，但在提供反担保者的认知中，“黄某宝”等同“宝丰公司”，对于若黄某宝无力还款，则由其向担保人承担连带责任的法律后果是明知的，且黄某宝确系宝丰公司的法定代表人及实际控制人。因此，虽书面记载的与实际需承担反担保责任的债务有差异，但依据两位提供反担保者的真实意思表示能够确定其提供反担保的就是以宝丰公司名义申请的、宏大公司提供担保的50万元贷款，故提供反担保者需为本案涉争的50万元贷款承担反担保责任。

综上所述，当反担保书中记载的与实际有所差异时，需结合审查提供反担保者的真实意思表示，以便确定是否需其承担反担保责任。

编写人：江苏省高邮市人民法院　王芬

47

借款协议主合同未经担保人同意发生变更后担保责任的认定

——彭某诉袁某青等民间借贷案

【案件基本信息】

1. 裁判书字号

广东省韶关市中级人民法院（2017）粤02民终1323号民事判决书

2. 案由：民间借贷纠纷

3. 当事人

原告（上诉人）：彭某

被告（被上诉人）：袁某青

被告：李某英、邓某勇、林某珍、蔡某兆

【基本案情】

2013年12月20日，彭某（甲方）与李某英（乙方）、袁某青（担保人）签订一份《借款协议》，约定乙方向甲方借款33万元用于家庭生活开支和生意资金周转，乙方从2014年1月1日起每月15日前将月利息3300元交付甲方，担保人自愿为乙方的借款月利息3300元提供担保（借款本金不在担保范围内）并自愿承担该协议内容的一切法律责任。彭某称该《借款协议》中的款项系对其与李某英之前借款进行结算后签订的，并提供了李某英于2012年6月8日出具的借款金额为145000元的借条原件及2012年9月5日出具的借款金额为80000元的借条原件予以佐证。该《借款协议》签订后，李某英与彭某还有资金往来，为此在2016年4

月1日双方结合银行流水及现金给付情况，彭某（甲方、贷款人）与李某英（乙方、借款人）、邓某勇（丙方、担保人）重新签订了一份《借款协议书》，载明乙方向甲方借款34万元用于家庭生活开支和生意资金周转，借款利息按每月3400元计算，按月支付，乙方每月10号前向甲方支付利息，甲、乙、丙三方签订协议同时，乙方已收到甲方现金34万元，不另立据，丙方以连带责任保证的保证方式对乙方向甲方的全部借款本金、利息、违约金提供连带责任保证担保。彭某称该《借款协议书》中的34万元借款涵盖了2013年12月20日签订的《借款协议》中尚欠的款项，签订《借款协议书》后，李某英支付利息至2016年6月，之后未再向彭某还本付息。

2016年7月10日，彭某（甲方、贷款人）与李某英（乙方、借款人）、蔡某兆（担保人）、林某珍（担保人）签订一份《借款协议书》，约定乙方向甲方借款7万元，利息按每月2100元计算，每月25号前支付，甲、乙、担保人四方签订协议同时，乙方已收到甲方人民币现金7万元，不另立据，担保人以连带责任保证的保证方式对乙方向甲方的全部借款本金、利息、违约金提供担保，在乙方不能按照约定归还借款本息时承担连带保证责任，甲方有权向担保人追索，担保人负有担保全部借款本金、利息和违约金实现的义务，担保人责任直至乙方全部还清借款之日止。第六条关于违约责任约定："……4. 由于乙方违约造成甲方不能收回借款本息，担保人对乙方所欠的借款本金、利息、违约金及产生的诉讼费、律师费等各类追讨费用无条件承担连带保证责任。"李某英向彭某借款后，未还本付息。彭某为此提起本案诉讼，并委托律师代理本案，且因此支付了10000元律师代理费。

【案件焦点】

借款协议主合同变更后，原担保人的担保责任是否延续。

【法院裁判要旨】

广东省韶关市武江区人民法院经审理认为：李某英欠彭某41万元的事实，有双方签订的两份《借款协议书》予以佐证，李某英经该院合法传唤未就此提出抗辩，故认定彭某与李某英之间的债权债务关系成立。李某英借款后，未按约定支付利息，已构成违约。根据《中华人民共和国民法通则》第八十四条、第九十条、第一百零六条第一款、第一百零八条的规定，彭某要求李某英偿还借款本金41万元的诉讼请求，有事实和法律依据，法院予以支持。至于利息问题，关于34万元的借款，双方约定月利息3400元即月利率1%，彭某自认李某英就该笔借款支付利息至2016年6月；另一笔7万元借款，双方约定月利息2100元即月利率3%，已超出《最高人民法院关于审理民间借贷案件适用法律若干问题的规定》第二十六条的规定，彭某现主张李某英34万元本金自2016年7月1日起按月利率1%计算至该判决确定的履行之日止，7万元本金自2016年7月10日起按月利率2%计算至判决确定的履行之日止的请求，有事实和法律依据，法院予以支持。

关于袁某青的责任问题，袁某青在2013年12月20日签订的《借款协议》中以担保人的身份签名并明确担保范围为该笔借款的利息。由于签订上述《借款协议》后，彭某与李某英之间还有经济往来，为此双方在2016年4月1日结算后重新签订了一份《借款协议书》作为债权凭证，即双方协议变更了主合同，根据《中华人民共和国担保法》第二十四条“债权人与债务人协议变更主合同的，应当取得保证人书面同意，未经保证人书面同意的，保证人不再承担保证责任。保证合同另有约定的，按照约定”的规定，彭某并未提供证据证明袁某青仍同意对其与李某英重新签订《借款协议书》提供担保，故其主张袁某青对33万元的借款本金从2016年7月1日起的利息承担担保责任的请求，无事实和法律依据，法院不予支持。

关于邓某勇的责任问题，邓某勇在2016年4月1日签订的《借款协议书》中以担保人的身份签名，且明确其担保范围为全部借款本金、利息、违约金，故彭某主张邓某勇对该《借款协议书》中的借款本金34万元及利息承担连带清偿责任的请求，有事实和法律依据，法院予以支持。

关于林某珍、蔡某兆的责任问题，两人在2016年7月10日签订的《借款协议书》中以担保人的身份签名，且明确其担保范围为全部借款本金、利息、违约金，故彭某主张林某珍、蔡某兆对该《借款协议书》中的借款本金7万元及利息承担连带清偿责任的请求，有事实和法律依据，法院予以支持。

关于彭某主张的律师费问题，2016年4月1日及2016年7月10日签订的《借款协议书》中均已明确乙方违约造成甲方追索借款本息等产生的律师费、诉讼费等各类追讨费用全部由乙方承担，现因李某英构成违约，彭某为此支出10000元律师代理费，且该费用未超出《广东省物价局、司法厅律师服务收费管理实施办法》的有关规定，故李某英应向彭某支付10000元律师代理费。至于主张袁某青、邓某勇、林某珍、蔡某兆亦对该律师代理费承担责任的问题，前文已对袁某青是否应对33万元借款利息承担担保责任进行了论述，且袁某青的担保范围并未包括律师代理费，故对彭某主张袁某青承担该笔费用的请求，法院不予支持。因邓某勇、林某珍、蔡某兆的担保范围已明确约定对律师代理费承担连带担保责任，彭某主张其三人承担律师费的请求有事实和法律依据，法院予以支持。

袁某青、邓某勇、林某珍、蔡某兆经一审法院合法传唤，未到庭参加诉讼，视为其放弃法律赋予的抗辩权利。根据《中华人民共和国民事诉讼法》第一百四十四条的规定，法院依法作出缺席判决。广东省韶关市武江区人民法院依照《中华人民共和国民法通则》等规定，作出民事判决：

一、李某英应于判决发生法律效力之日起十日内向彭某偿还尚欠借款本金410000元及利息（利息的计算：以本金340000元从2016年7月1日起按月利率1%计算至判决确定的履行之日止，以本金70000元从2016年7月10日起按月利率2%计算至判决确定的履行之日止）；

二、邓某勇对判决第一项中的340000元借款本金及其利息（利息以本金340000元从2016年7月1日起按月利率1%计算至判决确定的履行之日止）承担连带清偿责任；

三、林某珍、蔡某兆对判决第一项中的70000元借款本金及其利息（利息以本金70000元从2016年7月10日起按月利率2%计算至判决确定的履行之日止）承担连带清偿责任；

四、李某英应于判决发生法律效力之日起十日内向彭某支付其因本案而支出的律师代理费10000元，邓某勇、林某珍、蔡某兆对该费用承担连带清偿责任；

五、邓某勇、林某珍、蔡某兆承担判决确定的保证责任后，有权向李某英追偿；

六、驳回彭某的其他诉讼请求。如果未按判决指定的期间履行给付金钱义务，应当依照《中华人民共和国民事诉讼法》第二百五十三条之规定，加倍支付迟延履行期间的债务利息。

彭某不服提起上诉，广东省韶关市中级人民法院认为，根据当事人的上诉意见，本案争议的焦点是：袁某青是否需要对李某英33万元借款本金产生的利息承担连带清偿责任。

本案中，彭某、李某英与袁某青于2013年12月20日签订《借款协议》，约定袁某青自愿为借款33万元的月利息3300元作担保，彭某、李某英于2016年4月1日再次签订《借款协议书》，按照彭某的陈述，该《借款协议书》中的34万元借款涵盖了之前的33万元借款，且协议变更了利息及还利息的日期。根据《最高人民法院关于适用〈中华人民共和国担保法〉若干问题的解释》第三十条"保证期间，债权人与债务人对主合同数量、价款、币种、利率等内容作了变动，未经保证人同意的，如果减轻债务人的债务的，保证人仍应当对变更后的合同承担保证责任；如果加重债务人的债务的，保证人对加重的部分不承担保证责任。债权人与债务人对主合同履行期限作了变动，未经保证人书面同意的，保证期间为原合同约定的或者法律规定的期间。债权人与债务人协议变动主合同内容，但并未实际履行的，保证人仍应当承担保证责任"的规定，袁某青对李某英的债务加重的部分不承担保证责任，但袁某青仍应对其在原承诺的范围内承担保证责任。

关于袁某青如何承担保证责任的问题。在袁某青签订的《借款协议》中，对保证方式没有约定，根据《中华人民共和国担保法》第十九条"当事人对保证方式没有约定或者约定不明确的，按照连带责任保证承担保证责任"的规定，袁某青应按照连带责任保证承担保证责任。因此，袁某青应对33万元借款的利息承担连带清偿责任，利息以本金33万元从2016年7月1日起按月利率1%计算。同时根据《中华人民共和国担保法》第三十一条"保证人承担保证责任后，有权向债务人追偿"的规定，袁某青承担保证责任后，有权向李某英追偿。同样，邓某勇、林某珍、蔡某兆承担保证责任后，亦有权向李某英追偿。一审法院对彭某主张袁某青对33万元借款的本金从2016年7月1日起的利息承担保证责任的请求不予支持不当，予以纠正。

综上所述，彭某的上诉请求成立，予以支持。广东省韶关市中级人民法院依照《中华人民共和国担保法》等规定，判决如下：

一、维持广东省韶关市武江区人民法院（2016）粤0203民初2158号民事判决第一、二、三、四项；

二、撤销广东省韶关市武江区人民法院（2016）粤0203民初2158号民事判决第五、六项；

三、袁某青对330000元借款本金的利息（利息以本金330000元从2016年7月1日起按月利率1%计算至本判决确定的履行之日止）承担连带清偿责任；

四、驳回彭某的其他诉讼请求。

【法官后语】

实践中，保证人借口主合同的变更未经其同意而拒绝承担保证责任的情况屡见不鲜。依照1995年公布的《担保法》第二十四条的规定，合同当事人未经保证人书面同意而变更主合同内容的，无论主合同变更的结果是加重了债务人的责任还是减轻了债务人的责任，保证人均不再承担保证责任。该条规定过于绝对，不尽合理，不利于对债权人权益的保护。为了合理保护借贷合同及担保合同各方的利益，最高人民法院于2000年颁布了《最高人民法院关于适用〈中华人民共和国担保法〉若干问题的解释》，其中第三十条专门规定了"保证期间，债权人与债务人对主合同数量、价款、币种、利率等内容作了变动，未经保证人同意的，如果减轻债务人的债务的，保证人仍应当对变更后的合同承担保证责任；如果加重债务人的债务的，保证人对加重的部分不承担保证责任。债权人与债务人对主合同履行期限作了变动，未经保证人书面同意的，保证期间为原合同约定的或者法律规定的期间。债权人与债务人协议变动主合同内容，但并未实际履行的，保证人仍应当承担保证责任。"所以，此类案件审判中，应当依据法理以及立法的趋势，区别不同情况正确分析。

编写人：广东省韶关市中级人民法院　黄颖红　董文杰

48

抵押权未办理登记情况下的权益保护

——杨某新诉邓某民间借贷案

【案件基本信息】

1. 裁判书字号

广东省广州市白云区人民法院（2017）粤0111民初6009号民事判决书

2. 案由：民间借贷纠纷

3. 当事人

原告：杨某新

被告：邓某

【基本案情】

2016年3月20日，邓某出具《借条》，约定现向杨某新借到200000元，借期3个月，到期归还，用邓某本人白云区新市镇新达路85号×房作抵押（每月利息4000元）。

2017年4月2日至26日，杨某新与邓某之间的短信内容显示邓某确有欠款未向杨某新偿还。

邓某自2016年4月至8月，每月向杨某新支付4000元利息，合计20000元；2016年10月至起诉之日共支付杨某新19000元利息，其中10月7日支付10000元利息，11月支付3000元利息。

现杨某新要求邓某归还欠款200000元及利息（利息以200000元为本金，自2017年5月11日起按月利率2%计算至清偿日止）；确认杨某新享有邓某名下位于广州市白云区新市镇新达路85号×房优先受偿权。

【案件焦点】

1. 邓某与杨某新的借款、还款情况；2. 杨某新对处理邓某名下位于广州市白云区新市镇新达路85号×房所得价款是否享有优先受偿权。

【法院裁判要旨】

广东省广州市白云区人民法院经审理认为：杨某新与邓某之间的民间借贷关系有《借条》、短信、银行转账记录等为证，邓某当庭承认借款事实，故本院对此予以确认；现无证据证实邓某已归还借款本金，故本院对于杨某新要求邓某归还200000元本金予以认可；根据《借条》约定，邓某应向杨某新每月支付利息4000元，现杨某新主张邓某应以200000元为本金，自2017年5月11日起按照月利率2%计付利息至实际清偿之日止，符合法律规定，本院予以支持；根据《借条》约定，邓某同意将其名下位于广州市白云区新市镇新达路85号×房的房产为本案借款作抵押，但并未办理抵押登记，故该抵押权并未依法设立，故杨某新主张就上述房产优先受偿，本院不予支持。广东省广州市白云区人民法院依照《中华人民共和国民法通则》第一百零八条，《中华人民共和国合同法》第六十条、第一百零七条、第二百零七条，《中华人民共和国物权法》第一百八十七条，《中华人民共和国担保法》第四十一条，《最高人民法院关于审理民间借贷案件适用法律若干问题的规定》第二条、第二十九条，《中华人民共和国民事诉讼法》第六十四条之规定，判决如下：

一、于本判决生效之日起五日内，被告邓某偿还原告杨某新借款本金200000元及逾期利息（逾期利息以200000元为本金按月利率2%自2017年5月11日计付至实际清偿之日止）；

二、驳回原告杨某新的其他诉讼请求。

【法官后语】

本案例中，原告与被告在《借条》中约定用被告名下位于广州市白云区新市镇新达路85号×房作抵押。案件审理中，原告主张享有处理被告名下位于广州市白云区新市镇新达路85号×房后所得价款的优先受偿权。根据《担保法》第四十一条之规定，当事人以本法第四十二条规定的财产抵押的，应当办理抵押物登记，抵押合同自登记之日起生效。第四十二条第二项之规定，以城市房地产或者乡（镇）、村企业的厂房等建筑物抵押的，为县级以上地方人民政府规定的部门。《物权法》第一百八十七条之规定，以本法第一百八十条第一款第一项至第三项规定的财产或者第五项规定的正在建造的建筑物抵押的，应当办理抵押登记，抵押权自登记时设立。第一百八十条第一项之规定，债务人或者第三人有权处分的建筑物和其他土地附着物可以抵押。广东省广州市白云区法院正是据此认为涉案的抵押物没有办理登记，故涉案《借条》中的抵押权并未设立，故驳回了原告就享有处理被告名下位于广州市白云区新市镇新达路85号×房后所得价款的优先受偿权的诉讼请求。

未进行抵押登记的不动产抵押条款或合同是否就是毫无用处的呢？笔者认为这就涉及抵押权设立与抵押合同效力关系的问题。

《物权法》与《担保法》就因未对不动产进行抵押登记的抵押条款或合同的效

力问题持不一样的观点。根据新法优于旧法的原则，依照《物权法》第十五条之规定，未对不动产进行抵押登记的抵押条款或合同，除法律另有规定或者合同另有约定外，自合同成立时生效。假设本案例的情况为：各方当事人意思表示真实且合同未违反法律法规的强制性规定的情况下，甲借款200000元给乙，第三人丙就乙欠甲的上述借款以其名下的房产作为抵押，但并未进行抵押登记。甲能否向丙主张权益呢？笔者认为：首先，合同中的担保条款应系物的担保而非人的担保，因此一旦乙不能履行到期债务时，丙并非当然对乙的所有债务承担法律责任。尤其在乙的债务数额大于丙名下不动产价值的情况下，上述担保条款的定性直接影响丙的切身利益。其次，甲可以就其对乙的债权要求丙在其名下的抵押物价值范围内承担连带赔偿责任。因丙名下的不动产未进行抵押登记，抵押权并未设立，故甲不能向丙主张就处分丙名下的房产所得价款优先受偿；但因各方当事人的担保条款系有效的，故应当尊重合同各方当事人的自由意志，甲可以主张丙在其名下不动产抵押物范围内对乙的债务承担连带责任。

本案例中，被告在庭审中希望原告允许展期还款，若被告仍未能还款，则同意将其名下的涉案房产出售给原告以抵涉案债务。这涉及让与担保的问题。《最高人民法院关于审理民间借贷案件适用法律若干问题的规定》第二十四条规定，当事人以签订买卖合同作为民间借贷合同的担保，借款到期后借款人不能还款，出借人请求履行买卖合同的，人民法院应当按照民间借贷法律关系审理，并向当事人释明变更诉讼请求。当事人拒绝变更的，人民法院裁定驳回起诉。按照民间借贷法律关系审理作出的判决生效后，借款人不履行生效判决确定的金钱债务，出借人可以申请拍卖买卖合同标的物，以偿还债务。就拍卖所得的价款与应偿还借款本息之间的差额，借款人或者出借人有权主张返还或补偿。以上条文系对民间借贷关系中出现让与担保的规定。假设本案例的情况为：双方当事人意思表示真实且合同未违反法律法规的强制性规定的情况下，甲借款200000元给乙，乙向甲出具借条，同时甲和乙签订了《房屋买卖合同》，约定当乙无法按照约定向甲归还借款时，乙将其名下的某房产转让给甲。甲和乙签订的《房屋买卖合同》的性质系作为从属于借款合同的担保合同亦或系附条件的房屋买卖合同呢？笔者认为，《房屋买卖合同》性质的定性关键在于甲和乙签订《房屋买卖合同》的真实意思表示。根据甲和乙的合同约定，虽然甲和乙签订了《房屋买卖合同》，但甲和乙并非真的想就乙名下的房产进行买卖交易，双方的真实目的系保障甲对乙债权的实现。根据《最高人民法院关于审理民间借贷案件适用法律若干问题的规定》第二十四条之规定，甲和乙签订的《房屋买卖合同》应视为系从属于借款合同的担保合同。但该担保不同于抵押、质押及留置等典型担保，被称之为让与担保。与典型担保相比，让与担保具有担保客体更宽泛，交易成本更低等优势。因让与担保并不属于典型担保，故对于担保物的占有方式、登记效力、担保物的转让方式均无明确规定，实际情况中主要依照当事人的约定进行。正是如此，让与担保构成中容易出现因担保物价值不明确，担保物权利不确定等情况，直接影响债务人或第三人的合法权益。《最高人民法院关于审理民间借贷案件适用法律若干问题的规定》第二十四条之规定，对已进入司法程序的让与担保合同起到一定的规定指引作用。

本案例系较为简明、典型的民间借贷案件，但反映了我国民间借贷关系中的一些常见问题。另，民间借贷关系中的当事人，尤其系自然人对担保条款或合同的理解与法律规定不一致，系导致案件不能案结事了的重要原因。

编写人：广东省广州市白云区人民法院　简晓莉

49

持有汽车相关证件的质押不享有优先受偿权

——张某诉欣安投资有限公司、陈某强民间借贷案

【案件基本信息】

1. 裁判书字号

广东省惠州市中级人民法院（2016）粤13民终592号民事判决书

2. 案由：民间借贷纠纷

3. 当事人

原告（上诉人）：张某

被告（被上诉人）：欣安投资有限公司、陈某强

【基本案情】

2013年8月9日，被告陈某强向原告出具借据，内容为：本人陈某强现借到张某人民币现金63万元，月息2.5分计。借款期限为2013年8月9日至2013年9月8日。以港澳牌号LAMBO粤ZN141港车辆及证件质押作为抵押。系本人购买车辆。备注：不能如期归还借款时，所有抵押物归出款人所有，然后追讨。

被告陈某强到期没有偿还借款，原告张某向法院诉请：判令被告陈某强偿还借款本金和利息，否则原告有权从折价或者拍卖、变卖车辆的价款中优先受偿。

【案件焦点】

以汽车相关证件质押是否属于法定抵押权。

【法院裁判要旨】

广东省惠州市博罗县人民法院经审理认为：被告一陈某强向原告张某借款63万元的事实，有原告提交的《借据》为证，并有银行转账单、银行证明等证据佐证，予以确认。债务应当清偿。现原告张某诉请被告一陈某强偿还借款63万元，于法有据，予以支持。关于利息问题，原告与被告一在《借据》上约定月息2.5分，超过了中国人民银行同期同类贷款利率四倍，对超过的部分，不予保护，故本案利息应按中国人民银行同期同类贷款利率四倍计算。关于原告对港澳牌号LAMBO粤ZN141港车辆是否享有质权或者抵押权的问题。根据《中华人民共和国物权法》的相关规定，无论设立质权或者抵押权，设立人首先应当对质押财产或者抵押财产享有所有权或者处分权，否则，设定的质押或者抵押无效。在本案中，港澳牌号LAMBO粤ZN141港车辆是登记被告二名下，原告基于被告一单方之言及其提供的涉案轿车的相关权利证书，在没有买卖合同等其他证据佐证或者被告二确认下，就确信被告一享有港澳牌号LAMBO粤ZN141港车辆的所有权或者处分权，与被告一设立担保合同，并据此诉请对港澳牌号LAMBO粤ZN141港车辆享有优先受偿权，没有法律依据，对该诉请原审法院不予支持。另外，原告与被告一在借据的备注中约定“不能如期归还借款时，所有抵押物归出款人所有，然后追讨”，根据《中华人民共和国物权法》第一百八十六条、第二百一十一条的规定，该约定属于流质契约，没有法律效力。因此，被告二辩称应驳回该优先受偿权的诉请，原审法院予以支持。被告一经原审法院传唤无正当理由未到庭参加诉讼和答辩，不影响本案的审理。广东省惠州市博罗县人民法院依照《中华人民共和国民法通则》第一百零八条，《最高人民法院关于人民法院审理借贷案件的若干意见》第六条，《中华人民共和国物权法》第一百七十九条、第一百八十六条、第二百零八条、第二百一十一条，《中华人民共和国民事诉讼法》第六十四条、第一百四十五条的规定，判决如下：

一、被告陈某强应于本判决发生法律效力之日起七日内偿还原告张某借款本金63万元及利息（按中国人民银行同期同类贷款利率四倍，从2013年8月9日起计算至清偿债务之日止）；

二、驳回原告张某的其他诉讼请求。

张某不服一审判决，提出上诉。广东省惠州市中级人民法院经审理认为：本案系民间借贷纠纷，原审被告陈某强向上诉人张某借款63万元的事实清楚、于法有据，原审判决被告陈某强向上诉人张某偿还借款本息正确，予以维持。本案的关键是借款人陈某强借款时将登记在欣安投资有限公司名下的港澳牌号LAMBO粤ZN141港车辆及该车的相关权属文件交付出借人张某作为抵押，出借人张某能否就该车辆享有优先受偿权？

《中华人民共和国物权法》第五条规定“物权的种类和内容，由法律规定”，即为物权法定原则。物权法定原则是指在一个统一的法律效力地域内的物权，其种类和内容必须由法律明确规定，不允许当事人自由创设或者变更，否则物权设定无效。《中华人民共和国物权法》第一百七十九条“为担保债务的履行，债务人或者第三人不转移财产的占有，将该财产抵押给债权人的，债务人不履行到期债务或者发生当事人约定的实现抵押权的情形，债权人有权就该财产优先受偿”以及第二百零八条“为担保债务的履行，债务人或者第三人将其动产出质给债权人占有的，债务人不履行到期债务或者发生当事人约定的实现质权的情形，债权人有权就该动产优先受偿”就抵押权和质权作出了明确的规定，违反该规定设定抵押权或者质权的无效。

依据《中华人民共和国物权法》第一百八十条第一款规定：“债务人或者第三人有权处分的下列财产可以抵押：……（六）交通运输工具……”交通运输工具可以设定抵押，并不禁止设定质押，因此债务人或者第三人就交通运输工具既可以设定抵押也可以设定质押，但是无论是设定抵押或者质押，都需要有权人在交通运输工具上设定，即对交通运输工具享有所有权或处分权，否则设定无效。而本案借款人陈某强不是车辆的所有人，其对他人所有的车辆设定抵押权是无效的；即使按照上诉人的主张，债务人陈某强在涉案车辆上设定的是质权，但同样因陈某强无权处分而无效。

交通运输工具属于特殊动产，其权属关系依登记而公示，而不是依占有而公示，因此上诉人认为借款人陈某强占有涉案车辆，信赖借款人陈某强有权处分无法律依据，故上诉人认定质押权合法有效无理，诉请对涉案车辆享有优先受偿权没有法律依据，不予支持。

被上诉人欣安投资有限公司是涉案车辆所有权人，其没有在借款人陈某强借款时作为担保人签字，本质上不是担保人，因此上诉人认为被上诉人欣安投资有限公司作为担保人有过错，要求其承担民事责任没有事实依据，不予支持。

综上，上诉人的上诉无理，广东省惠州市中级人民法院依照《中华人民共和国民事诉讼法》第一百七十条第一款第（一）项的规定，判决如下：

驳回上诉，维持原判。

【法官后语】

如何保障借出的钱能获得有保障的偿还，是债权人尤为关心的问题。普遍的做法是债权人要求债务人提供担保物，如房产和汽车等。但是由于物权法定、公示、公信原则，抵押或者质押必须履行登记手续，即房产、汽车办理抵押登记手续，否则债权人即使查封了该不动产，也不能获得优先受偿权。本案涉案车辆登记的主体是欣安投资有限公司，其将涉案车辆借给陈某强使用，陈某强将涉案车辆的证件交由债权人持有，该持有不形成质押关系，也没有在汽车管理部门办理抵押登记手续，故其不享有该车辆变卖后的价款优先受偿权。

交通运输工具属于特殊动产，视为不动产，其权属关系依登记而公示，而不是依占有而公示，即使占有车辆或者持有车辆的证件，不能形成质押关系，当然也不能形成抵押关系。债权人在出借款项达成抵押协议时，应当前往相关部门办理抵押登记手续，否则，不能获得优先受偿权。同时需要注意的是，房产和汽车的权属依照登记来确权，不是持有房产证或者车辆行驶证，就代表持有人就是所有人。因此，在办理抵押登记时一定要登记的权属人签字确认，只有这样，抵押才是有效的。他人无授权的代签行为对权属人不具有法律效力，债权人要求行使抵押优先权是不能获得法律保护的。

编写人：广东省惠州市中级人民法院　卫书平

50

主债权与抵押担保利息范围约定不一致，如何确定抵押权担保的主债权利息范围

——北京庆源物流有限公司诉孙某和、北京金运通大型轮胎翻修有限公司民间借贷案

【案件基本信息】

1. 裁判书字号

北京市怀柔区人民法院（2017）京0116民初2256号民事判决书

2. 案由：民间借贷纠纷

3. 当事人

原告：北京庆源物流有限公司（以下简称庆源公司）

被告：孙某和、北京金运通大型轮胎翻修有限公司（以下简称金运通公司）

【基本案情】

2013年11月21日，董某勇（甲方）与孙某和（乙方）、保证人金运通公司签订《最高额借款抵押合同》，约定甲方承诺借款给乙方，金额不超过1500万元；借款期内利息为自实际支付借款之日起按月计息，月息2%；乙方逾期还款按照应还款总额的30%计算月违约金；金运通公司愿以其名下土地房产作为抵押物。

2013年12月6日，各方办理抵押权登记，抵押权人为董某勇，债权数额为1500万元，抵押权种类为一般抵押权。办理抵押权登记时，备案一份2013年11月21日签订的《抵押借款合同》（以下简称抵押合同），该合同载明：抵押权人为董

某勇、抵押人为金运通公司，借款金额为1500万元，借款利息为月息1.5%，借款期限为2013年11月21日起至2014年11月20日止，担保范围包括借款本金、利息，以及出借人实现其债权的全部费用。

孙某和自2013年12月13日起至2015年1月27日止内向董某勇出具30份收条，共计收到董某勇借款本金117.65万元。2015年1月27日，孙某和、董某勇、金运通公司签订《借款合同》（以下简称借款合同一），约定孙某和共计收到董某勇借款现金117.65万元，金运通公司名下土地（实际指房屋）为抵押物。《最高额借款抵押合同》条款全部适用于本合同。

2014年5月26日，董某勇（甲方）、孙某和（乙方）、杨景彦（丙方）、金运通公司（丁方）签订《借款合同》（以下简称借款合同二），约定丙方杨景彦代乙方收到董某勇借款280万元，丁方名下土地（实际指房屋）为抵押物。《最高额借款抵押合同》条款全部适用于本合同。2014年5月6日，董某勇将280万元汇入杨景彦账号。庭审中，孙某和、董某勇、庆源公司均认可该笔债权存在的真实性，并确认已经还款90万元，尚欠190万元未还。

2016年12月6日，董某勇（甲方）与庆源公司（乙方）签订《债权转移协议》，约定甲方合法拥有对孙某和的债权307.65万元，金运通公司房屋为担保物；甲方将上述全部债权（包括本金、利息、违约金、抵押权等一切权利）转移给乙方，乙方支付甲方转让费307.65万元。董某勇于2016年12月7日收到转让费307.65万元。

《债权转移协议》签订后，孙某和收到《债权转移通知》，其上载明董某勇合法拥有孙某和债权共计307.65万元（含现金借款117.65万元和杨景彦名下公证借款190万元），月利息2%，金运通公司为连带责任保证人，其名下的房屋为担保物。现董某勇将债权全部转移给庆源公司，请孙某和和金运通公司自接到本通知之日起，向庆源公司履行义务。债权转移通知上仅有孙某和的签字和金运通公司的公章。

庭审中，孙某和表示董某勇之前一直向其追要债权。

【案件焦点】

1. 主债权数额确定；2. 主债务的利息确定；3. 抵押权的性质及担保的主债权及利息的范围。

【法院裁判要旨】

北京市怀柔区人民法院经审理认为：2013年11月21日，董某勇与孙某和在签订《最高额借款抵押合同》中明确约定，董某勇承诺出借给孙某和不超过1500万元的借款。之后孙某和陆续向董某勇出具了30份共计117.65万元的收条，并在2015年1月27日双方签订的借款合同一中进行了确认。虽然孙某和对于117.65万元债权不认可，但是其同时承认董某勇曾拿出钱为其偿还欠其他债权人的本金和利息，以及支付公证费用。同时孙某和认可另尚欠190万元借款。从2015年1月27日最后一笔款项出借之后双方再未发生新的借贷行为。截止到2016年12月6日董某勇转让债权时，孙某和尚欠董某勇的债权本金为307.65万元。

关于主债务的期内利息和逾期利息确定问题。董某勇与孙某和在签订《最高额借款抵押合同》中明确约定了债务的利息为月息2%，自实际支付借款之日起按月计息。借款履行期限为，从实际支付之日起两年内归还。针对逾期还款，双方约定，月违约金按照孙某和应还款总额的30%计算。双方在合同中约定的违约金在法律属性上属于逾期利息，上述逾期还款年利率超出24%，应当按照年息24%计算。因此双方民间借贷的主债权期内利息和逾期利息利率均为年息24%，且利息的起算时间从借款实际给付之日起计算。

关于抵押权的性质及担保的主债权及利息的范围。各方办理抵押权登记时，在北京市国土资源局怀柔分局备案了一份抵押合同，该合同约定的主债权为1500万元，利息为月息1.5%。虽然双方签订的是最高额抵押合同，但是实际上办理的是一般抵押权登记，原告也自认设立的是一般抵押权。依据抵押登记的公示和对抗效力，抵押权担保的主债权数额为307.65万元，抵押权担保的主债权利息是从实际借款出借之日起至实际支付之日止，以尚欠本金为基数，按照月息1.5%计算的利息（期内利息和逾期利息）。

另外，关于原告主张违约金的诉讼请求。在《最高额借款抵押合同》中虽约定为“违约金”，实际就是逾期利息，且该约定超出了年利率24%的法律规定上限。原告已经在其他诉讼请求中主张了月息2%的逾期利息，且本院以年利率24%支持了原告主张，其再行主张债务人承担违约金没有法律依据，本院不予支持。

北京市怀柔区人民法院依据《中华人民共和国合同法》第八条、第一百九十六条，《中华人民共和国担保法》第二十二条、第二十六条、第二十八条，《最高人民法院关于适用〈中华人民共和国担保法〉若干问题的解释》第三十二条、第三十四条,《中华人民共和国物权法》第二百零六条,《最高人民法院关于审理民间借贷案件适用法律若干问题的规定》第三十条之规定,判决如下:

一、孙某和于本判决生效后十日内给付庆源公司31笔欠款共计307.65万元;并支付31笔欠款的利息,具体是指以上述每笔欠款为基数从每笔欠款实际出借之日起(详见出借日期附表)至实际给付之日止按照年息24%计算的利息;

二、金运通公司对上述第一款中的欠款本金和利息承担连带保证责任,金运通公司承担连带保证责任后可以向孙某和追偿;

三、庆源公司对金运通公司名下的房屋在抵押担保范围内享有优先受偿权;

四、驳回庆源公司其他诉讼请求。

一审判决作出后,各方均未提出上诉,本案生效。

【法官后语】

本案案由虽为民间借贷,但是涉及抵押权、保证担保等多重法律关系。尤其对于多重利息约定情形下,如何确定主债权的利息成为司法实务中的难题。

第一,当事人对于借款数额和利息在多份借款合同中约定不一致,如何确定主债权的数额和利息利率是本案审理的前提。

本案中关涉三个借款合同,分别是《最高额借款抵押合同》借款合同一、借款合同二。最高额借款抵押合同是主合同,对于董某勇出借的最高额上限进行了约定,即不超过1500万元。借款合同一和借款合同二是从合同,均参照主合同的约定,并且两个从合同所涉及的债权均在主合同债权限额内。债权数额应当在1500万元限度内,按照实际发生数额予以确定。

第二,本案中的最主要难点在于抵押权性质和抵押权担保范围内主债权利息认定问题。

本案中当事人约定的是最高额抵押权,但是在不动产登记机构办理抵押权登记时登记的仅为一般抵押权,不动产抵押登记具有设立物权的效力,因此涉案抵押权的性质应当为一般抵押权。关于抵押担保范围内主债权利息如何确定问题。本案中主债权利息的约定分别出现在《最高额借款抵押合同》、借款合同一、借款合同二和抵押合同中,且约定不一致。由于抵押合同属于当事人在办理抵押登记时备案在不动产登记部门的材料，其基于抵押登记的公示公信力，对于潜在的其他债权人或者抵押权人具有对抗效力。因此抵押权担保范围内主债权利息应当按照抵押合同的约定来确定。

在确定抵押权担保的主债权利息问题时，可能存在债务人偿付的利息范围和抵押人担保的利息范围不一致情形。由于抵押权系物权，经过不动产登记后抵押权设立生效且具有对抗第三人的效力。抵押权担保的主债务利息应当依据不动产登记备案的抵押合同约定来确定；超出抵押合同中利息范围外的主债权利息部分不具有对抗其他潜在抵押权人、债权人的效力，不应当属于抵押权优先受偿范围。本案裁判文书确立了上述裁判规则，既尊崇了不动产抵押登记的对抗效力，也更有利于保护其他潜在的抵押权人利益不受侵害，符合法律效果与社会效果的统一。

编写人：北京市怀柔区人民法院　张泽华

51

债权人放弃物的担保，保证人的责任承担

——英某兴诉容某坚、黄某清民间借贷案

【案件基本信息】

1. 裁判书字号

广东省珠海市中级人民法院（2016）粤04民终1634号民事判决书

2. 案由：民间借贷纠纷

3. 当事人

原告（被上诉人）：英某兴

被告（上诉人）：容某坚

被告：黄某清

【基本案情】

黄某清与英某兴签订《借款合同》，约定黄某清向英某兴借款30万元，借款期

限为6个月，并以其所有的挖掘机作为抵押物，但未办理抵押登记，容某坚作为“担保人”签名。2013年7月17日，英某兴在扣除借款第一个月的利息9000元后，通过银行转账的方式向黄某清支付借款291000元。英某兴主张双方口头约定月息3分，借款期限届满后黄某清偿还过1个月的利息9000元；容某坚主张不清楚二人有无利息约定。英某兴曾在2014年4月向一审法院起诉但未缴纳案件受理费，该案按撤诉处理。

【案件焦点】

1. 容某坚是《借款合同》的见证人还是担保人；2. 债权人英某兴在担保期间内有无要求过容某坚承担保证责任；3. 涉案物的担保是否成立并生效，债权人英某兴是否放弃物的担保，保证人容某坚对案涉债务是否应当承担连带清偿责任。

【法院裁判要旨】

广东省珠海市横琴新区人民法院经审理认为：英某兴与黄某清签订的借款合同依法成立并生效，英某兴已依约向黄某清交付借款，黄某清应按合同约定的期限还款。关于借款本金数额，英某兴提交的证据证明其通过银行转账向黄某清支付了291000元，出借款项时已扣除了首月借款利息9000元，英某兴向黄某清出借的借款本金为人民币291000元。对英某兴关于黄某清偿还借款的请求予以支持。《借款合同》并没有对借款利息的书面约定，英某兴也没有证据证明双方有借款利息的口头约定，故对于英某兴关于借款利息的请求不予支持。鉴于借款合同中约定了还款期限，英某兴有权请求被告自逾期之日支付逾期还款利息至清偿之日止。容某坚在《借款合同》上“担保人”一栏签名，保证合同成立；本案《借款合同》没有约定保证方式，被告容某坚应对该合同债务承担连带责任。

综上所述，英某兴诉讼请求部分有理，一审法院予以部分支持。一审法院依照《中华人民共和国民事诉讼法》第一百四十四条，《中华人民共和国合同法》第六十条第一款、第一百零七条，《中华人民共和国担保法》第十九条、第二十一条、《最高人民法院关于适用〈中华人民共和国担保法〉若干问题的解释》第二十二条第二款，最高人民法院《关于人民法院审理借贷案件的若干意见》第九条，《最高人民法院关于贯彻执行〈中华人民共和国民法通则〉若干问题的意见（试行）》第一百二十五条，《最高人民法院关于适用〈中华人民共和国担保法〉若干问题的解释》第二十二条第二款的规定，判决如下：

一、黄某清向英某兴偿还借款本金 291000 元，并以 291000 元为本金偿还借款利息。

二、容某坚对上述第一项确定的债务承担连带清偿责任；

三、驳回英某兴的其他诉讼请求。

容某坚不服一审判决，向本院提起上诉。

广东省珠海市中级人民法院经审理认为：涉案债权既有物的担保又有人的担保，且没有约定债务人黄某清不履行到期债务时如何实现担保物权，债权人英某兴应当先就物的担保即抵押物神钢牌挖掘机实现债权，而后不能完全受偿的余额范围内再向保证人容志坚主张。英某兴至今未对上述抵押物挖掘机主张实现担保物权，其债权能否完全受偿尚不能确定，容志坚是否应当对英某兴债权不能完全受偿的余额范围内承担连带责任亦不能确定，故英某兴未对上述抵押物挖掘机主张担保物权前，不能要求容志坚对本案债务承担连带清偿责任。故判决如下：

一、维持广东省珠海横琴新区人民法院（2015）珠横法民初字第 130 号民事判决第一项、第三项；

二、撤销广东省珠海横琴新区人民法院（2015）珠横法民初字第 130 号民事判决第二项。

【法官后语】

一、关于担保人如何确定的问题

就担保人的确定，应当根据债权人、债务人及担保人的陈述，结合借款合同的内容对担保人予以确定，不宜轻易否定借款合同上担保人签字的效力。本案中英某兴作为债权人提交《借款合同》证明容某坚在“担保人”一栏签名，其举证责任已完成，容某坚抗辩其为见证人并非担保人应当提交证据予以证明，但容某坚未提交证据证明，应当承担不利后果。按照当事人私法自治原则，黄某清作为债务人虽以其自有的挖掘机作抵押，但容某坚仍在《借款合同》担保人处签名，即涉案债权既有物的担保又有人的保证，与交易习惯并无矛盾。故可以确定容某坚就是《借款合同》的担保人。

二、关于债权人是否在担保期限内要求保证人承担保证责任的问题

《担保法》第二十六条第一款规定："连带责任保证的保证人与债权人未约定保证期间的，债权人有权自主债务履行期届满之日起六个月内要求保证人承担保证责任。"债权人要求保证人承担保证责任的，有明确的期限限制，超过法定期限未主张的，保证人有权不承担保证责任。就本案而言，英某兴与黄某清于2013年7月16日签订《借款合同》，约定借款期限为6个月，未约定保证期间，英某兴应于主债务履行期届满之日（2014年1月17日）起六个月内要求保证人承担保证责任。一审庭审中，英某兴主张其曾于2014年5月找黄某清、容某坚谈还款事宜，并要求容某坚承担保证责任；容某坚认可2014年5月与英某兴、黄某清三方商讨过还款事宜，但不认可英某兴要求其承担保证责任，对此容某坚对其抗辩负举证责任，其未提交证据予以证明，应承担不利后果。故可认定英某兴在担保期间内要求过容某坚承担保证责任。

三、动产抵押权成立与否的认定问题

根据《物权法》第一百七十九条、第一百八十条、一百八十七条、一百八十八条、一百八十九条的规定，抵押包括不动产抵押和动产抵押。以不动产抵押的，应当办理抵登记，抵押权自登记时设立；以动产抵押的，抵押权自抵押合同生效时设立；未经登记不得对抗善意第三人。本案中，黄某清在借款合同中自愿以其所有的神钢牌挖掘机作为抵押担保，属于动产抵押，抵押权自借款合同担保条款生效时设立，发生担保物权的效力；案涉挖掘机未办理登记手续，不得对抗善意第三人。

四、债权人是否放弃物的担保，保证人对案涉债务是否应当承担连带清偿责任的问题

《物权法》第二百零二条规定："抵押权人应当在主债权诉讼时效期间行使抵押权；未行使的，人民法院不予保护。"抵押权人行使抵押权也是有期限限制，超过法定期限内未行使的抵押权，不受法律保护。本案中，抵押权人英某兴可在主债权诉讼时效期间行使抵押权，现主债权尚未超过诉讼时效期间，英某兴未明确放弃抵押物的担保，容某坚亦未提供证据证明英某兴明确放弃物的担保，故英某兴未放弃物的担保。《中华人民共和国物权法》第一百七十六条规定："被担保的债权既有物的担保又有人的担保的，债务人不履行到期债务或者发生当事人约定的实现担保物权的情形，债权人应当按照约定实现债权；没有约定或者约定不明确，债务人

自己提供物的担保的，债权人应当先就该物的担保实现债权；第三人提供物的担保的，债权人可以就物的担保实现债权，也可以要求保证人承担保证责任。提供担保的第三人承担担保责任后，有权向债务人追偿。”据此可知，对被担保的债权既有物的担保又有人的担保的，有约定从约定；没有约定，应先就债务人自己提供物的担保实现债权；第三人提供物的担保的，债权人有选择权，可以选择物的担保实现债权，也可以要求保证人承担保证责任。本案中，涉案债权既有债务人自己提供物的担保又有保证人的担保，且没有约定债务人黄某清不履行到期债务时如何实现担保物权，债权人英某兴应当先就债务人黄某清自己提供物的担保即抵押物神钢牌挖掘机实现债权，而后不能完全受偿的余额范围内再向保证人容某坚主张。英某兴未对债务人提供物的担保主张实现担保物权前，其债权能否完全受偿尚不能确定，容某坚是否应当对英某兴债权不能完全受偿的余额范围内承担连带责任亦不能确定，故英某兴未对上述抵押物挖掘机主张担保物权前，不能要求容某坚对本案债务承担连带清偿责任。

编写人：广东省珠海市中级人民法院　管文超

四、质　　押

52

质权未设立并不影响担保合同效力

——重庆市垫江县瑞泰源小额贷款有限责任公司诉刘某军、彭水县亿安矿业有限公司民间借贷案

【案件基本信息】

1. 裁判书字号

重庆市第四中级人民法院（2017）渝04民终936号民事判决书

2. 案由：民间借贷纠纷

3. 当事人

原告（上诉人）：重庆市垫江县瑞泰源小额贷款有限责任公司（以下简称瑞泰公司）

被告（上诉人）：刘某军

被告（被上诉人）：彭水县亿安矿业有限公司（以下简称亿安公司）

【基本案情】

刘某军于2013年6月6日向瑞泰公司借款200万元，约定借款期限为两个月。后双方将贷款还款期限延长至2013年9月5日，展期期间利息按照年利率12%计算。

2016年11月25日，被告刘某军给原告瑞泰公司出具债务确认及担保书一份，载明："本人刘某军因向瑞泰公司借款200万元，未按时归还，后经协商，同意延

期至2016年11月底归还，利息从2014年1月1日起按照月利率2%计算，并由彭水县玉源矿业有限公司洞沟煤矿提供担保，但本人仍未归还。现因彭水县玉源矿业有限公司洞沟煤矿已经整合到亿安公司，已经变更为亿安公司洞沟煤矿。现本人刘某军向瑞泰公司确认上述债务并承诺：本人将及时向瑞泰公司偿还借款200万元及利息，自2014年1月1日起，利息以200万元为基数按月利率2%计算至利随本清。亿安公司仅以洞沟煤矿的资产或因政策性因素关闭洞沟煤矿的补偿资金为刘某军上述债务本息的偿还向瑞泰公司承担连带保证责任担保，亿安公司其他煤矿资产或其他煤矿因政策关闭的任何补偿资金不提供担保。”被告刘某军在债务确认及担保书上的债务人处签字确认，被告亿安公司的法定代表人钟连超在该担保书上注明：仅用洞沟煤矿资产及关闭补偿资金提供担保，如果洞沟煤矿的资产和关闭补偿资金不足，亿安公司其他煤矿不承担任何责任。如果刘某军股份过给其他人，此担保无效。

【案件焦点】

亿安公司应否在洞沟煤矿资产及关闭补偿范围内对涉案借款承担连带偿还责任。

【法院裁判要旨】

重庆市彭水苗族土家族自治县人民法院经审理认为：担保分为人保和物保，人保即保证担保，是指保证人与贷款人约定，当借款人违约或者无力归还贷款，保证人按约定履行债务或承担责任的行为。保证担保要求保证人在债权范围内承担无限责任。物保即以某种财产为债权作担保，担保人以该财产为限承担责任。本案中，被告亿安公司对其承担保证责任的范围直接作出了限制，即在“洞沟煤矿的资产及关闭补偿资金”范围内承担责任，其实质就是用洞沟煤矿为被告刘某军的借款作担保，故该担保应当属于物保范畴。被告刘某军代表被告洞沟煤矿原股东在被告亿安公司持有25%的股份，其在欠条中亦写明愿意用被告洞沟煤矿的资产及关闭补偿金偿还借款，再结合被告亿安公司在欠条中注明的内容，可以认定本案担保的实质即被告刘某军用其在被告亿安公司的股份为债务作权利质押。《中华人民共和国担保法》第七十八条规定：“……以有限责任公司的股份出质的，适用公司法股份转让的有关规定。质押合同自股份出质记载于股东名册之日起生效。”原告瑞泰公司并未向本院举示证据证明该出质事实计入了被告亿安公司的股东名册之中，故原、被告双方在借条中约定的质押未生效，原告瑞泰公司要求被告亿安公司承担连带偿还责任缺乏事实和法律依据，对此本院不予支持。

重庆市彭水苗族土家族自治县人民法院作出判决：

综上所述，依照《中华人民共和国合同法》第六十条、第二百零五条、第二百零六条，《中华人民共和国担保法》第十五条、第十九条、第二十六条，《中华人民共和国民事诉讼法》第一百四十四条的规定，判决如下：

一、被告刘仪军于本判决生效后十日内偿还原告重庆市垫江县瑞泰源小额贷款有限责任公司借款本金200万元和利息（利息以200万元为基数，按照年利率24%为标准，从2014年1月1日起计算至本金清偿之日止）；

二、驳回原告重庆市垫江县瑞泰源小额贷款有限责任公司在本案中的其余诉讼请求。

瑞泰公司、刘某军不服一审判决，提起上诉。重庆市第四中级人民法院经审理认为：根据《中华人民共和国物权法》第十五条规定，当事人之间订立有关设立、变更、转让和消灭不动产物权的合同，除法律另有规定或者合同另有约定外，自合同成立时生效；未办理物权登记的，不影响合同效力。即质押未登记仅为质押权未有效设立，但并不影响质押合同的效力。本案的质押合同应当是瑞泰公司、刘某军、亿安公司的真实意思表示，并不违反法律行政法规的强制性规定，涉案的质押合同仍然有效。亿安公司承诺“仅用洞沟煤矿的资产及关闭补偿资金提供担保”，其实质是以物作为担保。“以关闭补偿金提供担保”，其本质是以金钱来出质，但因质押财产并未交付孙双平，根据《中华人民共和国物权法》第二百一十二条之规定，质权未设立。但即使质权未设立，也并不影响担保合同的效力。根据《中华人民共和国合同法》第一百零七条规定，由于刘某军、亿安公司未将补偿金交予瑞泰公司占有，亿安公司有违约行为，且亿安公司承诺以洞沟煤矿的关闭补偿金承担担保责任，故本院对其亿安公司应承担的连带清偿责任以洞沟煤矿的补偿金为限。

重庆市第四中级人民法院判决如下：

一、维持重庆市彭水苗族土家族自治县人民法院（2017）渝0243民初328号民事判决第一项，撤销第二项；

二、被上诉人亿安公司以洞沟煤矿的关闭补偿资金为限对重庆市彭水苗族土家族自治县人民法院（2017）渝0243民初328号民事判决第一项的债务承担连带清偿责任。

【法官后语】

从物权行为理论来看，质押合同是物权变动的起因，质权设定则是物权变动的结果，原因应当与结果相分离；从目的来看，质押合同重在明确出质人和质权人的权利义务，质权设定则重在增强公信效力，确立质权人对抗第三人的优先权。质权分为动产质权和权利质权，而动产质权是指债务人或者第三人将其动产移交债权人占有，以该动产作为债权的担保，债务人未履行债务时，债权人依照法律规定的程序就该动产优先受偿的权利。债务人或者第三人为出质人，债权人为质权人，移交的动产为质押财产。

质权作为担保物权的一种，具有不可分性、物上代位性和物上请求权。质权独有的特征是质权的标的物只能是动产和权利，而不能是不动产。质权是以债权人占有质物为要件的担保物权。质权以出质人移交质押的财产占有为成立要件，也以债权人占有质押财产为存续要件。质押与抵押的最根本的区别为是否转移占有。质押为转移占有的担保物权，而抵押为不转移占有的担保。交付是质权的成立要件，不交付标的物的质权不成立，但是出质人应当承担过错责任。质权人或者第三人未按质押合同约定的时间移交质物的，因此给质权人造成损失的，出质人应当根据其过错承担赔偿责任。

编写人：重庆市彭水苗族土家族自治县人民法院　张泷

图书在版编目（CIP）数据

中国法院 2019 年度案例．借款担保纠纷/国家法官学院案例开发研究中心编．—北京：中国法制出版社，2019.5

ISBN 978-7-5216-0150-3

Ⅰ.①中… Ⅱ.①国… Ⅲ.①借贷-经济纠纷-案例-汇编-中国②担保-经济纠纷-案例-汇编-中国 Ⅳ.①D920.5

中国版本图书馆 CIP 数据核字（2019）第 071552 号

策划编辑：李小草（lixiaocao2008@sina.cn）

责任编辑：李小草　张海洋（zhanghaiy604@163.com）

封面设计：温培英　李宁

中国法院 2019 年度案例·借款担保纠纷

ZHONGGUO FAYUAN 2019 NIANDU ANLI · JIEKUAN DANBAO JIUFEN

编者/国家法官学院案例开发研究中心

经销/新华书店

印刷/三河市紫恒印装有限公司

开本/730 毫米×1030 毫米　16 开

印张/13.25　字数/172 千

版次/2019 年 5 月第 1 版

2019 年 5 月第 1 次印刷

中国法制出版社出版

书号 ISBN 978-7-5216-0150-3

定价：48.00 元

北京西单横二条 2 号

邮政编码 100031

传真：010-66031119

网址：http：//www.zgfzs.com

编辑部电话：010-66071862

市场营销部电话：010-66033393

邮购部电话：010-66033288

（如有印装质量问题，请与本社印务部联系调换。电话：010-66032926）